Schnecken Coaching

Gespräche mit dem Meister Coach

Gewidmet den aufgestiegenen Meistern, den Engeln und dem göttlichen Prinzip

Eckhard vom Frieden

Schnecken – Coaching

Gespräche mit dem Meister Coach

Bibliografische Information der Deutschen Nationalbibliothek:
Die Deutsche Nationalbibliothek verzeichnet diese Publikation in der Deutschen Nationalbibliografie; detaillierte bibliografische Daten sind im Internet über http://dnb.dnb.de abrufbar.

© 2016 Eckhard vom Frieden

Illustration: Jana Reichl

Herstellung und Verlag: : BoD – Books on Demand, Norderstedt

ISBN: 9783741283291

Inhalt

Prolog 7

Vorgeschichte 11

Tagebuch 52

Epilog 274

Schnecken-Coaching

Prolog

Liebe Leserinnen, liebe Leser,

im vorliegenden Buch habe ich die Entwicklung eines Menschen beobachtet, der sehr viel über geistige Themen gelesen hat, auch sehr viel davon verstanden, aber irgendwie dies alles nicht umgesetzt hat. Spirituelle Praxis – mangelhaft.

Wenn ich von Verstehen spreche, dann meine ich damit, etwas nachvollziehen können. Verstehen, was der jeweilige Autor seinen LeserInnen vermitteln wollte.

Mit meinem Buch möchte ich, dass Sie verstehen, wozu ich Sie motivieren möchte.

Der Mensch, der in diesem Buch beobachtet wird, heißt Will Freiheit. Er kommt im Laufe seiner Entwicklung zu dem Entschluss: „Jetzt habe ich genug gelesen, jetzt muss ich es schaffen einen Plan zu entwickeln, wie ich das Wissen nun in die Tat umsetzen kann".
Die Bücher, die er zuletzt gelesen hat, finden Sie, als Inspiration, im Anhang.
Jeder, von den hier angesprochenen Lesern, hat seine eigenen ‚heiligen Bücher', die „für ihn" geschrieben wurden. Aber das reicht nicht. Wissen alleine reicht nicht.

Zumindest erscheint das unserem Will so. Will will unbedingt erwachen. Dies seit über 40 Jahren. Ihm ist schon lange klar, „… dass es keine allgemeinverbindlichen Me-

thoden geben kann, die Menschen erleuchtet, denn jeder Mensch ist in seinem eigenen, ganz persönlichen Irrtum über die Welt befangen. Dieser Irrtum ist, genau wie Fingerabdrücke, einzigartig. Um diesen Irrtum aufzuklären, muss man den Irrweg überwinden und sich einen neuen, bewusstseinserweiterten Weg erschließen, was auch nur individuell gelöst werden kann",
könnte er argumentieren.

So hat er jahrzehntelang versucht seinen Weg aus seinem Irrtum zu finden. Bisher vergeblich. Allerdings kann er bei allem was er erlebt hat, eine deutliche Persönlichkeitsveränderung feststellen. Er ist schon lange nicht mehr der, der er vor 20 Jahren gewesen ist. Aber geht das nicht jedem so? Formt uns das LEBEN nicht sowieso? Nun in diesem Punkt würde er schon darauf bestehen, dass seine Veränderungen signifikant sind und sehr wohl in Zusammenhang mit all seinen Übungen zu sehen sind. So behauptet er auch, dass er in diesem LEBEN, bereits das 5. LEBEN begonnen hat. So sehr empfindet er seine Veränderungen, dass er die vier „vorherigen" LEBEN in einem Ritual, einer „Beerdigung", begraben hat.

Allerdings hat sich heute die Zeit verändert und eine so lange Entwicklungszeit ist für die heutige Generation nicht mehr nötig. Was diese aber ebenfalls braucht ist: spirituelle Praxis.

LIEBE LeserInnen, mit diesem Buch möchte ich Sie dazu auffordern: Setzen Sie Ihr Wissen um, beginnen Sie eine spirituelle Praxis. Im Buch, beim Beobachten von Will Freiheit, soll in Ihnen das Gefühl entstehen: Das kann ich auch. Wenn Sie sehen, wie viele Zweifel, aber auch Hochgefühle, dieser durchlebt, könnten Sie das Gefühl bekommen, ebenfalls eine spirituelle Praxis für sich, ganz individuell auf Sie zugeschnitten, einführen zu wollen.

Das würde mich sehr froh machen, denn dann hätte mein Buch seinen Sinn erfüllt. Wenn Sie aber mit diesem Buch nur ein weiteres, der ellenlangen Liste, hinzufügen wollen, - naja, dann gefällt es Ihnen vielleicht auch? Alles ist ein Weg – auch – der Umweg!

Will Freiheit wird von Juli 2015 bis heute, März 2016 in seinen Bemühungen beobachtet. Interessant sind die Botschaften, die er in seinem Tagebuch festhält und aus der Meisterebene erhält. Verschiedene Meister oder ein Engel „sprechen" zu ihm. Teilweise entstehen lustige Dialoge, aber auch konkrete Hinweise wie er vorgehen kann. Während dieser Zeit liest er die Bücher von Meister Vywamus und unterzeiht sich einem Training, das von diesem vorgegeben wird. Allerdings auf seine ganz persönliche Weise. Also keineswegs exakt, eher locker und auch nur teilweise. Er macht es eben so wie es ihm möglich ist, ihm entspricht.

In seiner Vorgeschichte wird kurz erzählt, wie er soweit gekommen ist, dass er davon ausgeht in den nächsten Tagen aufzuwachen. Von Erleuchtung spricht er nicht mehr, seit er vor ungefähr einem Jahr erleuchtet wurde und diese Erleuchtung ganz anders ausfiel, als er es sich vorgestellt hatte. Es kommt ihm in seinem Tagebuch in erster Linie darauf an, das Erwachen in einer neuen Welt, einer anderen Dimension darzustellen. In einem erweiterten Bewusstsein, in Kommunikation mit der Meisterebene. Einer Ebene, die aktuell für jeden Erreichbar ist.

„Der Planet steigt auf und mit ihm die Menschheit", sind Positionen, die von ihm mit dem Titel „Wahrheit" versehen sind. Daraus leitet er ab, dass die Menschheit gerade in dieser Zeit die Chance hat, einen Quantensprung in ihrer Entwicklung zu machen, der ein goldenes Zeitalter hervorruft. Ein Zeitalter, dass auch das Paradies auf Erden genannt werden kann.

Nun, wir werden sehn ob er recht hat. Allerdings, so meine ich als Autor, sollten wir uns alle zumindest anstrengen diesen Quantensprung zu wagen.

Die Antwort liegt innen, in jedem von uns. Setzen wir einfach um, was sich dort auftut!

Eckhard vom Frieden

Vorgeschichte

1974 Dr. Murphy, Frabato
Nachdem er 1972 erfolgreich vor der Bundeswehr geflüchtet ist, wurde er 1973 zum Kriegsdienstverweigerer anerkannt. Seine Frage nach dem Sinn des Lebens blieb aber immer noch offen. Bis er 1974 ein Buch von Dr. Joseph Murphy zu lesen bekam. Das löste eine wahre Lawine von weiteren Büchern aus, die versprachen, dass das LEBEN einen Sinn hat. Herausragend war das Werk von Franz Bardon, insbesondere „Der Weg zum wahren Adepten".

1978 Spalding
Kam dann „LEBEN und Lehren der Meister im fernen Osten" in sein LEBEN. Dort machen amerikanische Wissenschaftler die Bekanntschaft von Meistern, Menschen, die Unglaubliches tun konnten. Sie erschaffen aus der Substanz, wie sie es nennen, alles was sie zum LEBEN benötigen. Auch gehen sie über Wasser, reisen zeitlos an die entferntesten Orte, erscheinen einfach im Raum und konnten den Wissenschaftlern anhand von Dokumenten nachweisen, dass sie mehrere hundert Jahre alt sind. Als sie von den Wissenschaftlern befragt wurden, warum sie diese Wunder tun können, antworteten sie: „Es ist kein Wunder, dass wir diese Dinge tun können, es ist ein Wunder, dass ihr es nicht tun könnt.
So machte er sich daran ihre Lehren in die Tat umzusetzen. Eine der Übungen, die sie vorschlagen ist, einmal 14 Tage lang so zu handeln wie ein Meister handelt. In jeder Situation zu hinterfragen, was würde ein Meister an meiner Stelle jetzt tun.

1982 paranormale Fähigkeiten

1982 gelang ihm dies recht gut und es stellten sich bei ihm sogenannte paranormale Fähigkeiten ein. So konnte er einer Alkoholikerin helfen den Entzug zu überstehen, sodass ihr Hausarzt ihn unbedingt kennenlernen wollte, da er solche Leberwerte noch nie bei seiner Patientin gemessen hatte. Des Weiteren hat er eine defekte Stereoanlage durch Gedankenkraft wieder zum Laufen gebracht. Telepathie war an der Tagesordnung. Dabei war er aber immer bescheiden und hat niemals mit seiner Kraft angegeben, im Gegenteil sie versteckt vor anderen. Man könnte sagen, er wendete sie in Demut an.

All dies brach aber wieder zusammen, als er mit seiner Eifersucht konfrontiert wurde und er immer mehr aus den Augen verlor, wie ein Meister zu handeln.

Danach geschah jahrelang nicht mehr viel. Er las zwar weiterhin eine Menge Bücher über Spiritualität, allerdings ohne erkennbaren Fortschritt, wenn man von dem intellektuellen einmal absieht. Natürlich haben diese Bücher ihn weiterentwickelt, was für ihn aber nicht sichtbar war. Im Gegenteil. Er hatte das Gefühl sich zurück zu entwickeln.

2012 Entschluss etwas für die Erleuchtung zu tun / Plan erstellt
Ein Kurs in Wunder, Gespräche mit Seth

Dann entschloss er sich, einen Plan zu erstellen, seine Erleuchtung zu planen. Ausschlaggebend waren dafür die Bücher von Jane Roberts – Gespräche mit Seth und das Buch „Ein Kurs in Wunder".

Teil dieses Planes war es auch, ein Tagebuch zu schreiben, um eventuelle Fortschritte besser zu erkennen.

Während er verschiedene Übungen machte und diese immer wieder im Tagebuch festhielt, entstand es, dass er Fragen formulierte, die er dann auch beantwortet bekam. Zunächst wusste er nicht woher die Antworten kamen und dachte, dass es sein Hohes Selbst wäre, was dort antwortete. Die Antworten waren auf jeden Fall nicht von seinem Normalbewusstsein, denn teilweise war er sehr überrascht über die Einfachheit und darüber wie treffend die Antworten waren.

1. 5. 2014 – 15. Juli 2014
Start eines Tagebuches – Aufstieg – Meister Saint Germain –Erleuchtung
Mit der Zeit stellte sich immer mehr heraus, dass er dort anscheinend mit dem aufgestiegenen Meister Saint Germain Zwiesprache hielt.
Der nachfolgende Auszug soll einen ersten Eindruck in diese Zwiegespräche vermitteln. Danach können die LeserInnen dann direkt in das aktuelle Tagebuch einsteigen und die Geschehnisse ‚life' miterleben.

15. Juli 2014
(06:33)
Das neue Buch über die russischen Heilmethoden ist bereits gestern angekommen und er hat schon eine Menge darin gelesen. Auch hat er mit seiner Julia die geführten Meditationen ausgeführt.

Mit einer interessanten Entdeckung. Das Licht, das er die ganze Zeit über sieht, seit Jahren sieht, das ist er. Sein ICH BIN, sein wahres ICH.

Schwer zu erklären, was da gestern geschehen ist. Seit langer Zeit, immer wenn er sich mit Lichtmeditationen beschäftigt hat, sah er ein Licht vor seinem geistigen Auge. Dabei dachte er immer, dass er ein Licht sehen würde.

Gestern hat er erkannt, dass es sich umgekehrt verhält. Nicht er sieht das Licht, sondern das Licht sieht sich durch seine Augen selbst. Durch die Augen des Körpers.

Damit verschiebt sich seine Identifikation von seinem Körper zum Licht. ICH BIN LICHT. Dies ist somit keine Suggestion mehr, sondern seine Blickrichtung.

„Meister, wie soll ich das beschreiben?"

„Anscheinend hat sich dein Fokus vom Körper auf dein inneres Selbst verschoben. Besser kann ich das auch nicht beschreiben.

Die ganze Zeit hast du dir eingeredet, dass du Licht bist, gestern hast du erkannt, dass du Licht bist.

So könnte man es ganz einfach beschreiben. Die Frage ist aber jetzt, was bedeutet das für dich?"

„Die Frage hätte ich nicht besser stellen können. Haha. Ich weiß es nämlich nicht. Im Moment kann ich keine größere Veränderung feststellen. Dabei stellt sich für mich die grundsätzliche Frage: Woran merke ich eigentlich, wenn ich erleuchtet bin?"

„Die Frage hätte ich nicht besser stellen können. Haha."

„Die ganze Zeit über, habe ich immer gedacht, dass ich meine Erleuchtung daran erkennen werde, dass ich

‚Wunder' vollbringen kann. Aber ist das wirklich ‚die Erleuchtung'?

Und wenn es das nicht ist, wenn dem etwas zuvor geschehen muss, muss das dann etwas Spektakuläres sein?

Oder kann das ganz einfach eine Erkenntnis sein, wie meine gestrige?"

„*Deine Fragen sind sehr gut gestellt. Jetzt musst du nur noch eine Antwort darauf finden.*"

„Bedeutet das, dass es keine allgemein zutreffende Antwort darauf gibt?"

„*Ja, das heißt es. Vielleicht erinnerst du dich daran, dass ich schon länger behaupte, dass du bereits erleuchtet bist. Aus meiner Sicht ist schon alles vollbracht.*

Jetzt kommt es darauf an, wann du es akzeptieren wirst. Das wiederum hängt davon ab, welches Ereignis du als ‚deine Erleuchtung' anerkennen willst."

„Oh Meister, ist das schwer. Ich wünsche mir, dass du bei mir stofflich erscheinst und mir sagst: Jetzt bist du erleuchtet."

„*Das scheint ja nichts zu helfen. Haha. Das habe ich dir nämlich schon sehr oft gesagt. Haha.*"

„Das schon, aber du bist mir dabei nicht grobstofflich gegenüber gestanden."

„Glaubst du denn, dass du es ertragen würdest, wenn ich plötzlich neben dir stehen würde?"

„Aktuell würde ich es bestimmt ertragen können. Also kommst du jetzt? Ich würde mich sogar sehr freuen!"

„Ja, ich komme JETZT. Aber an deiner Stelle würde ich meine Erleuchtung nicht davon abhängig machen. Denn bedenke: Du BIST erleuchtet!"

„Heißt das, dass das was gestern geschehen ist, meine Erleuchtung war? So völlig unspektakulär und ohne, dass ich plötzlich alles weiß und alles kann?"

„Erleuchtung ist ein Prozess. Auch in diesen musst du hineinwachsen. Du hast jetzt erkannt, dass du Licht bist und es nicht werden musst. Du BIST Licht. Das weißt du jetzt. Das ist die Erleuchtung. Was willst du darüber hinaus erkennen? Jetzt gilt es dein neues Bewusstsein, dein neues Selbstbewusstsein in die Tat umzusetzen.

Dabei könnte es geschehen, dass du erkennst, manche Dinge tun zu können, die du ‚Wunder' nennen würdest. Wie du aber ganz schnell merken wirst, sind es keine Wunder, sonder einfach die Anwendung des Gesetzes."

„Welches Gesetz und wie wendet man es an?"

„Du kannst vielleicht Fragen stellen. Das willst du doch jetzt von den russischen Heilern lernen. Die Basis hast du durch die

Meditation erhalten. Du hast erkannt, dass du Licht BIST. Licht bedeutet GOTT, also hast du erkannt, dass Du GOTT BIST!

Diese Erkenntnis ist die Basis dafür ‚Wunder' vollbringen zu können. Wobei ‚Wunder' das unwesentlichste dabei ist. Freiheit und vor allem das Einssein mit der LIEBE sind die eigentlichen Errungenschaften eines Erleuchteten!"

„Jetzt bin ich also erleuchtet?"

„Haha. Das bist du schon lange. Ich habe es dir doch schon sooft gesagt. Vielleicht glaubst es mir irgendwann einmal? Haha.!"

„Und was soll ich jetzt mit den Übungen machen?"

„Weitermachen. Üben ist immer gut. Haha!"

„Ich verstehe das gerade nicht. Willst du mir sagen, das Erleuchtung ein ‚schleichender' Übergang ist. Dass es keine ‚größeres' Ereignis ist. Lediglich die Erkenntnis, dass man Licht ist, bedeutet erleuchtet zu sein?"

„Moment Mal, jetzt untertreibst du aber. Diese Erkenntnis ist immerhin so spektakulär, dass du vierzig Jahre gebraucht hast um sie zu erkennen. Haha. Wenn das nicht spektakulär ist. Haha."

„Für mich hat sich aber jetzt nichts verändert? Ich fühle mich noch genauso wie zum Beispiel vorgestern?"

„Weißt du an was das liegt?"

„Nein, sonst würde ich ja nicht danach fragen!"

„Das liegt daran, dass du vorgestern auch schon erleuchtet warst. Haha!
Erinnerst du dich an die Tarotkarte: Die Welt? Auch die Karten scheinen es bereits zu wissen. Nur du nicht. Haha!"

„Bitte mache dich jetzt nicht lustig über mich! Bin ich jetzt erleuchtet oder nicht?"

„JA, Du bist erleuchtet!"

(10:14)
Er würde sich freuen, wenn er auch etwas davon merken würde. Allerdings muss er schon sagen, dass er sich seit gestern irgendwie anders fühlt.
Auch, wenn er die Augen schließt, dann ist das Licht, also er, sofort sichtbar.
Wie auch immer, wenn der Meister sagt, dass er erleuchtet ist, dann muss er das akzeptieren. Was er natürlich auch gerne macht.

So wird er nun dieses Tagebuch beenden und gleich ab Morgen eine neues beginnen.

Dort wird er dann festhalten inwieweit seine Erleuchtung nachhaltig ist und welche Erfahrrungen er mit den russischen Heilmethoden macht, denn diese werden ihn ja dazu ermächtigen, dass er ‚Wunder' vollbringen kann.

16. Juli 2014
(06:56)
Seit gestern hat sich etwas für ihn geändert. Allerdings weiß er noch nicht so genau was. Ja, er hat sich als Licht

wahrgenommen und gesehen, wie sein Körper ihn angesehen hat.

Er hat also klar die Wahrheit wahrgenommen. Aber was ändert das jetzt? Gut, man kann sagen, dass er jetzt erleuchtet ist. Ihm ist sozusagen ein Licht aufgegangen.

Dennoch steht er weiterhin da und muss seine Übungen machen, denn die Erkenntnis seiner Selbst ist ein zartes Pflänzchen und muss gehütet und gepflegt werden.

Deshalb wird er auch seine Übungen weiterhin machen und im Gegenteil, er wird weitere Übungen hinzufügen, denn die Arbeit mit den russischen Heilmethoden erfordert auch eingeübt zu werden.

Dabei wird er natürlich daran denken, dass er sich einordnet und täglich für fast alles ein Gebet spricht. Ganz so, wie er es von seinen bisherigen Übungen gewohnt war oder besser gesagt: wie er begonnen hat, sie sich anzugewöhnen.

Also, die Übungen:
1. Blockaden hat er schon länger keine mehr gelöst. Leider ist ihm der Glaube an die Methode verloren gegangen. Er wird aber auf jeden Fall weiterhin an seinen ungünstigen Glaubenssätzen arbeiten. Besser gesagt, an der Auflösung dieser.

2. In den Willen Gottes hat er sich gestern, zwar manchmal murrend, aber dann doch immer eingeordnet. Gebetet hat er auch, aber daran muss er noch arbeiten. Für alles und jedes zu beten ist sehr ungewohnt und er muss sich daran erinnern können. Darin liegt die eigentliche Schwierigkeit.

3. Seine Erleuchtung hat er gestern ständig vor Augen gehabt, hat sie also behauptet.

4. Die Lichtübung heute Morgen war recht unkonzentriert, das Nichtsdenken leider sehr abschweifend. Ständig musste er an seine Erleuchtung denken und was das alles bedeutet. Und auch, was es noch nicht bedeutet.

Eigentlich hatte er sich vorgestellt, dass dann alles anders ist und er vor allem nicht mehr zu üben braucht. Das Gegenteil ist der Fall, denn jetzt kommen noch mehr Übungen dazu.

5. Die Suggestionen, die ihn mit Gott verbinden sollen, hat er die ganze Nacht gehört. Weiterhin kann er aber keine Auswirkungen dieser feststellen.

6. Das Schutzgebet hat er gesprochen. Auch da kann er nicht sagen, ob es nützlich ist oder nicht. Allerdings, wenn der Meister es sagt, dann wird es mit Sicherheit hilfreich sein!

„Meister, ich habe Angst, dass ich wieder zurückfalle und meine Erleuchtung vergesse, kann das passieren?"

„Das war vorauszusehen, dass du selbst, wenn du deine Erleuchtung erkennst, immer noch Zweifel hast. Haha. Aber zu deiner Frage. Nein, das kann nicht passieren, denn was du erkannt hast, wird dich nicht mehr loslassen.

Und mal abgesehen davon, sage ich dir nicht seit einiger Zeit, dass du erleuchtet bist? Würde ich das sagen, wenn du es wieder vergessen hättest?

Haha, kaum zu glauben, dass du sogar jetzt noch zweifeln kannst. Haha. Daran kannst du deine Meisterschaft alleine schon erkennen. Nur ein Meister kann so etwas hervorbringen. Haha."

„Es freut mich, dass du so gut gelaunt bist. Ich bin es im Moment noch nicht. Für mich stimmt da etwas noch nicht. Wieso bin ich nicht in einer anderen Welt erwacht?"

„Vergleiche es mit schlafen. Nicht immer, wenn du erwachst, weißt du gleich wo du bist und was du dort machst. Hier ist es ähnlich. Gebe dir etwas Zeit um zu erkennen wie diese Welt ‚gestrickt' ist.
Aber stimmt, du hast ja keine Zeit. Haha. Wenn du wüsstest wie richtig das ist. Haha. Es gibt nämlich keine Zeit. Hatte ich dir das schon einmal gesagt? Haha:"

„Ja, hast du und danke für alles. Ich werde es schon auf die Reihe bekommen, meine neue Welt zu erkennen."

„Ich gebe dir mal einen Hinweis: Ja, du hast es JETZT hinbekommen. Haha:"

Ihm kreisen momentan so viele Gedanken durch den Kopf, dass er nicht weiß was er jetzt alles machen muss oder soll. Er muss jetzt einfach mal damit anfangen, die neuen Übungen mit einzubeziehen und dann wird er schon weitersehen.

17. Juli 2014
(07:02)

Es fällt ihm äußerst schwer seine Erleuchtung aufrechtzuerhalten. Einerseits, andererseits hat sich eindeutig etwas geändert in ihm. Er kann nur überhaupt nicht sagen, was.

Gestern hat er im Garten gearbeitet und hatte danach unangenehme Kopfschmerzen. Die er den restlichen Tag über nicht mehr losgeworden ist. Deshalb hat er auf die nächtlichen Suggestionen verzichtet, was ihm anscheinend einen guten Schlaf beschert hat.

Er fühlt sich heute Morgen recht ausgeschlafen und irgendwie in sich verankert.

Auch sind ihm die morgendlichen Übungen recht gut gelungen. Ohne dass er sich besondere Mühe gegeben hätte.

Also, die Übungen:
1. Nichts Neues von dieser Baustelle. Er hat immer noch keinen Plan wie er bei diesem Thema weiterkommen soll. Vielleicht werden ihm die russischen Heilmethoden dabei helfen können.

2. In seinen Willen hat er sich teilweise recht gut eingeordnet, nur nachdem seine Kopfschmerzen anfingen, fühlte er sich wie ein Wurm, der im Dreck kriecht. Sein Zustand passte so gar nicht zu seiner Erleuchtung. Ja, er hätte beten können. Hat er aber vergessen. Man sollte es nicht für möglich halten. Er hat tatsächlich nicht daran gedacht.

3. Meisterschaft hat er bis zu den Kopfschmerzen auch behauptet. Danach stürzte auch hier alles zusammen.

4. Die Lichtübungen heute Morgen sind recht gut gelungen. Er konnte sich wieder als Licht wahrnehmen, obwohl schon ein Unterschied zu dem ersten Mal bestand. Aber im Vergleich zu gestern war es hervorragend, wieder, zumindest im Ansatz, seine Erleuchtung zu ‚sehen' und zu fühlen.
Beim Nichtsdenken hat er heute Morgen eine neue Übung eingeführt. Er hat gesummt, was eine neue Übung von den russischen Heilmethoden darstellt. Dieses Summen soll auf den Hypothalamus einwirken, den Sitz des Willens. Dieser soll durch das Summen gestärkt werden. Er hat aus dem Summen ein ‚AUM–Summen' gemacht und das hat ihm ein neues Gefühl beschert. Irgendwie fühlt er sich seither ‚ganz'.

5. Die Verbindungssuggestionen hat er heute Nacht weggelassen.

6. Das Schutzgebet hat er gesprochen ohne besondere Vorkommnisse.

Weitere Übungen hat er noch nicht ausgeführt. Das wird aber die nächsten Tage kommen.

„Lieber Meister, warum habe ich das Gefühl, dass meine Erleuchtung wieder rückläufig ist?"

„Hast du wirklich das Gefühl?"

„Im Moment nicht. Gerade jetzt fühle ich mich gestärkt und im Einklang mit mir. Was das mit Erleuchtung zu tun hat weiß ich allerdings nicht."

„Wie war das mit der Geduld? Gab es da nicht noch einen Glaubenssatz der zu bearbeiten war? Gerade jetzt benötigst du eine Menge davon, denn trotz Erleuchtung bist du nicht davon entbunden, weiterhin zu üben, sogar mehr zu üben als vorher. Erleuchtung verpflichtete auch im Zusammenspiel mit anderen Menschen und somit ist die Arbeit eher mehr als weniger geworden.

Wie ich dich kenne, hast du dir das bestimmt umgekehrt vorgestellt. Haha. Du hast bestimmt gedacht, dass Erleuchtung bedeutet, dass man nichts mehr arbeiten muss. Haha."

„Vielleicht nicht ganz so grell, aber grundsätzlich habe ich das tatsächlich gedacht. Aber ich will mich nicht beklagen. Hauptsache die Entwicklung geht weiter und ich werde in den nächsten Tagen lernen zu heilen und auch zu manifestieren."

„Wenn du schön fleißig übst, dann wird das schon!"

„Ja, vielen Dank. Ich bin auch gerade recht guter Dinge. Ich hoffe nur, dass sich das nicht wieder im Laufe des Tages verflüchtigt!"

„Hatten wir schon einmal über Gebete gesprochen? Haha."

„Hatten wir. OK, ich will sehen, dass ich das umsetzen kann. Ich habe dabei aber das Gefühl, den Überblick zu verlieren, wenn ich ständig bete, dann weiß ich nicht mehr wofür ich alles gebetet habe? Soll ich vielleicht alle Gebete, die ich so spreche aufschreiben?"

„Ja klar, am Besten mit Datum, Uhrzeit, Minuten und Sekunden, wie waren deine Gefühle dabei, deine Körpertemperatur, Pulsschlag... Haha."

„Du meinst also, dass ich das nicht brauche?"

„Normalerweise benötigt das niemand, aber dir würde ich es zutrauen. Haha"

„Das bedeutet wenn ich es machen will, dann soll ich es machen wenn nicht, dann ist es auch nicht schlimm?"

„Nein, so einfach ist es jetzt auch wieder nicht. Wenn du das Gefühl hast den Überblick zu verlieren, dann musst du das schon berücksichtigen. Eigentlich benötigt niemand einen Überblick über die Gebete die er spricht.

Wenn du aber meinst diesen zu brauchen, dann brauchst du ihn auch. Es gibt also zwei Möglichkeiten das Problem zu lösen: Entweder du sprichst zum Beispiel ein Gebet in dem zu bestimmst, dass du keinen Überblick brauchst, oder du erfindest eine Möglichkeit, wie du die Gebete archivieren kannst."

„Dann werde ich die zweite Möglichkeit anwenden, dann kann ich auch immer mal die Gebete lesen und mich erinnern, was ich ‚getan' habe."

„Wieso wundert mich das nicht? Haha!"

Jetzt will er erst einmal sehen was der Tag an freudigen Überraschungen bereit hält. Die Tarotkarte ziehen und dann Tee trinken gehen.

Für die Gebete wird er eine Datei anlegen, in die er alle Gebete des Tages reinschreibt. Noch mehr Arbeit, aber was soll's. Besser er weiß worum er gebeten hat.

18. Juli 2014
(06:16)
Heute Morgen ist er extrem müde. Die letzte Nacht hat er nur sehr wenig geschlafen. Entsprechend waren seine morgendlichen Übungen. Er wäre fast eingeschlafen und beinahe vom Hocker gefallen.

Übungen:
1. noch nichts passiert, aber hier muss er unbedingt ran.

2. das gelingt inzwischen immer besser. Auch denkt er immer häufiger daran Gebete zu sprechen.

3. Meisterschaft hat er einigermaßen behaupten können.

4. Die Lichtübung ging noch ganz gut, beim Nichtsdenken wäre er fast eingeschlafen. Also eher schlecht.

5. Die Suggestionen hat er einige Stunden gehört, sie dann aber abgestellt. Da er den Text nur in einer bestimmten Lage verstehen kann, ist es passiert, dass er in einer anderen Lage manchmal das Gefühl hat, dass er Stimmen hört und auf dem Band jemand anderes spricht. Das hat ihn letzte Nacht total verwirrt, so dass er die CD abgestellt hat.

6. Gestern Abend hat er das Schutzgebet vergessen. Allerdings ist es ja Teil seiner Suggestionen. Heute Morgen hat er es schon gesprochen.

Sein Zustand heute Morgen ist jämmerlich. Das Schreiben fällt schwer und das denken sowieso. Nichtsdenken aber auch. Wie soll das heute werden?

Die Ursache ist sicher bei dem gestrigen Fernsehabend zu suchen. Es war zwar ein harmloser Film, aber natürlich fernab von geistigen Themen.

Einschlafen konnte er sicherlich wegen der Schwüle nicht.

„Meister gibt es etwas, was du mir dazu sagen möchtest?"

„Nö."

Er hat auch keine Fragen und wird deshalb hier den Eintrag für heute Morgen beenden. Vielleicht entsteht ja im Laufe des Tages noch etwas intelligentes, dass er hier festhalten kann.

19. Juli 2014
(06:39)
So langsam scheint sich seine Erleuchtung durchzusetzen. Die Erinnerung daran, oder sollte er sagen, das Bewusstsein der Erleuchtung stand gestern den ganzen Tag im Vordergrund.

Anscheinend ist das Erwachen keine Sache von einem außergewöhnlichen Ereignis, sondern weiterhin ein Prozess. Genau wie die Entwicklung bis zu Erleuchtung. Er könnte auch sagen, dass sich die Erleuchtung durchsetzt oder dass das Licht sich langsam aber sicher ausbreitet.

Na fein, Hauptsache es ändert sich was!

Die Übungen:
1. Nein – Mist, es fällt ihm immer nur beim Schreiben des Tagebuches ein. Den ganzen Tag über hat er keinen Gedanken daran. Hätte er ihn, würde er sicherlich auch versuchen einen weiteren Glaubenssatz zu erlösen.

2. Gebetet hat er gestern auch nicht, dennoch hat er das Gefühl sich eingeordnet zu haben. Bisher benötigt er immer noch ein Ereignis oder einen Wunsch um ein Gebet zu sprechen. Das Ziel muss es aber sein, dass alle seine Gedanken wie ein Gebet sind, sodass er sich immer in Zweisprache mit Gott befindet.

3. Die Erleuchtung hat er behauptet. Inzwischen trennt er aber zwischen Erleuchtung und Meisterschaft. Diese erscheint ihm noch eine weitere Entwicklungsstufe darzustellen.

4. Die Lichtmeditation heute Morgen war äußerst interessant. Es ist ihm gelungen sich selbst als Licht zu erleben, das sich im Mittelpunkt seines Körpers befindet. Von dort aus konnte er *„sehen"* wie er sich in den gesamten Körper ergießt. Bei dieser Vorstellung konnte er relativ gut verweilen. Auch als es um das Nichtsdenken ging, stand dieses Bild im Vordergrund und die Zeit verging sehr schnell.

5. Die Verbindungssuggestionen hat er gestern Nacht einige Stunden lang gehört. Er ist zu dem Ergebnis gelangt, dass das Hören die ganze Nacht über, nicht sinnvoll ist. Es lässt ihn nicht richtig ausschlafen.

6. Schutzgebet gesprochen, aber er hat immer noch nicht die Tiefe bei diesem Gebet, die er sich wünschen

würde. Er liest es einfach ab und die Vorstellungen dazu sind sehr gering. Auch jetzt hat er es gelesen. Diesmal mit etwas mehr Verständnis.

„Meister, wieso fällt es mir so schwer eine Tiefe in das Gebet zu bekommen?"

„Woran könnte das liegen? Was meinst du?"

„Wenn ich das wüsste, würde ich dich nicht fragen. Ja gut, ich versuche es herauszufinden.
Vielleicht weil es nicht nach dem für mich üblichen Gebetsmuster aufgebaut ist und weil es nicht meine eigene Wortwahl ist."

„Na, geht doch. Allerdings fehlt noch etwas. Dir fehlt bis jetzt eine lebendige Vorstellung von der violetten Flamme. Du hast noch nicht begriffen, was diese Flamme darstellt und wie sie wirkt."

„Würdest du es mir dann bitte erklären?"

„Ja klar. Wir, andere aufgestiegene Meister und ich, haben ein Schutzschild aufgebaut, damit Menschen wie du sich schützen können.

Dieses Schild hat die Farbe violett, weil das die Farbe ist, die das heilige Feuer annimmt, wenn es sich zum Schutz eines Wesens aufbaut.

Es besteht aus Feuer, weil alles was dir gesendet werden könnte nicht einfach abgehalten werden kann, denn dann würde es ja immer noch bestehen. Es würde zwar abprallen aber es würde noch existieren und irgendwo anders sein Unwesen treiben.

Also wird es verbrannt – von der violetten Flamme, dem heiligen Feuer!"

„Danke Meister, das kann ich gut verstehen. Was ich bei dem Gebet noch nicht verstehe ist die Zeile, die besagt, dass das Feuer alles ‚Begehren' durchflammen soll. Welches Begehren ist damit gemeint?"

„Nun, du wirst, falls du jemals angegriffen werden solltest, nicht oder nur selten von Außen angegriffen. Ein solcher Angriff kommt von Innen und erscheint dem Angegriffenen als etwas auf das er Lust verspürt. Zum Beispiel ein Wutanfall, weil er etwas gesehen hat, dass anscheinend Unrecht war.

Dieser Wutanfall schafft aber Karma für ihn und das könnte das Ziel des Angreifers sein.

Ich hoffe dass du das jetzt verstanden hast, denn mehr möchte ich zu diesem Thema nicht sagen."

„Ja fein, vielen Dank!"

„Wann werde ich dich im Körper sehen können?"

„Nein, ich finde nicht dass du mich damit nervst. Haha. Ich verstehe dich. Wie wäre es, wenn du mich erst einmal „innerlich" sehen würdest. Dann wärst du ja schon einen Schritt weiter, oder?"

„Ja, das stimmt. Wann werde ich dich also ‚innerlich' sehen?"

„Sobald du dazu bereit bist. Haha!"

„Du meinst also, dass ich mich erst einmal dafür öffnen muss. Mir intensiv wünschen muss, dich ‚innerlich' zu treffen? So wie ich das bei dem aufgestiegenen Meister Seth gemacht habe?"

„Ungefähr so, aber Seth ist kein aufgestiegener Meister. Seth ist eine große Seele, die aber ihren Körper nicht mitgenommen hat und sich deshalb nicht jederzeit verkörpern kann. Er benötigt ein Medium, wie Jane Roberts um sich in der stofflichen Welt ausdrücken zu können.

Wie wäre es denn mit einem Gebet? Du könntest darum beten, mich zu treffen. Was hältst du davon?"

„Eine großartige Idee! Ich werde ein ausgefeiltes Gebet entwickeln. Wirst du dann auch kommen?"

„Wenn dein Gebet so formuliert ist, dass es mir keinen Ausweg lässt... Haha!"

Darauf freut er sich jetzt. Er wird ein Gebet ersinnen, dass der Meister kommen ‚muss'. Haha". Das freut ihn!

Heute und morgen will er sich mit den russischen Heilmethoden befassen. Er hat in den Übungen heute Morgen eine Ahnung erhalten, wie diese Methode funktioniert und wirkt. Auch darauf freut er sich!

20. Juli 2014
(07:16)

Alle Übungen werden eindeutig besser, bis auf die Glaubenssätze, da geschieht aktuell noch nichts. Alles andere geht voran und Geduld wird zur Vollendung führen.

Im Moment geht es am Meisten um das Heilen mit Zahlen, nach der russischen Methode. Da hofft er jetzt darauf, dass er damit auch im Äußeren Erfolge verzeichnen kann, das heißt, dass seine Julia geheilt wird und er selbst von seinen körperlichen Problemen erlöst wird.

Und dann hofft er darauf, dass damit auch Manifestationen stattfinden werden. Insbesondere die, welche der Meister vorgeschlagen hat. Ein Malteserkreuz aus einem Amethysten.

Wobei dafür keine Zahlen vorgegeben sind, aber der Schöpfungsvorgang ihm durch die Heilmethoden deutlicher geworden ist. Hofft er. Theoretisch ist das schon so. Nur soll es auch funktionieren.

„Meister kannst du mir etwas zum Heilen mit Zahlen sagen und überhaupt zu der russischen Methode?"

„Alles was ich dir sagen könnte wäre auch nur Theorie. Die Praxis ist angesagt. Aber ich kann dir bestätigen, dass Zahlen eine sehr wichtige Funktion im Universum haben. Zahlen und geometrische Formen waren noch vor dem Wort und das war am Anfang. Und übrigens auch eine Zahl ist ein Wort. Jetzt musst du dir beweisen, dass das stimmt!"

„Ich kann es kaum erwarten, habe aber bedenken, dass ich es wieder einmal zu sehr will. Wie kann ich gelassener an die Heilung gehen?"

„Ganz einfach, indem du dich auf die Tätigkeit an sich konzentrierst. Dabei nicht überlegst ob und wann und wie es sich erfüllen wird. Gott trägt seinen Teil zuverlässig bei, da gibt es keine Zweifel!"

„Ja, das werde ich machen. Vielen Dank für deine Unterstützung!"

„Ich will dich auch gerne bei deinem Heilvorgang unterstützen, du musst mich nur anrufen. Ich werde mein Momentum gerne hinzufügen!"

„Herzlichen Dank!"

Er will sich dann an die Arbeit machen und den Plan für die Heilsitzung ausarbeiten und auch den Meister mit einbeziehen. Er kann sich alles so ideal vorstellen. Aber leider hat er auch Angst davor, dass es nicht klappen könnte.

Aber diese Angst wird er überwinden. Er hat schon so viele Ängste überwunden, so wird er auch mit dieser fertig werden!

21. Juli 2014
(06:53)
Die Heilsitzung gestern Abend verlief seiner Meinung nach recht gut. Allerdings weiß er nicht, wie seine Julia das sieht. Sie musste weinen während der Sitzung und er konnte nicht richtig herausfinden, warum.

Aber es könnte ein Hinweis sein, dass die Heilung begonnen hat, denn ihre Begründung, sie hätte Schmerzen im Hals verspürt, wäre ein Zeichen dafür.

Seine Wortwahl kam nicht immer von ihm, sondern er konnte deutlich spüren, dass der Meister ihn unterstützt hat.

„Danke Meister!"

„Gerne, du kannst mich immer zu solchen Aktionen dazu rufen. Je öfter du das machst, desto besser. Ich helfe sehr gerne!"

Er dankt auch Grigori Grabovoi, dessen Präsenz er ebenfalls spüren konnte. Nun müssen wir nur noch ein wenig Geduld aufbringen.

Zu den morgendlichen Übungen sind noch drei weitere hinzugekommen. Diese sollen für mehr Energie und eine bessere Konzentration sorgen.

Die Übungen:
1. nein, noch keine Lösung gefunden.

2. in seinen Willen hat er sich recht gut eingeordnet, gebetet hat er auch.

3. Erleuchtung hat er auch überwiegend behaupten können.

4. Lichtübung ist mittelmäßig gelungen, das Nichtsdenken ebenfalls, die neue Übung, das Gespräch mit der Milz ist recht konzentriert gewesen. (Drei Minuten abwechselnd die Worte LIEBE und DANKBARKEIT in die

Milz hineinsprechen), die Konzentration auf die Zirbeldrüse war auch akzeptabel (Drei Minuten Licht durch das dritte Auge einatmen und durch den Mund ausatmen) und das Summen, das den Willen erwecken soll, macht er schon die ganze Zeit über, ist also auch erfüllt.

5. Die Suggestionen hat er gestern nach zwei Stunden ausgeschaltet.

6. Das Schutzgebet hat er auch gesprochen. Nach wie vor hat er das Gefühl, dass ihm der Tiefgang oder besser, der Zugang zu dem Gebet fehlt. Auch die Erklärungen vom Meister dazu, haben ihn nicht befriedigen können. Er hat das Gefühl, dass es überhaupt nicht der Meister war, der die Erklärungen abgegeben hat. Naja, zweifeln ist ja seine ‚Stärke'.
Sein Gesamtzustand ist heute Morgen mal wieder mäßig und das anscheinend regelmäßig. Haha. Heute Nacht musste er anhaltend Husten. Er hatte das Gefühl, dass etwas ‚in der Luft' war, dass diesen Husten hervorgerufen hat. Es hat sehr stark nach Jauche gerochen und was man riecht atmet man ein. Dieser Gedanke hat ihn nicht mehr losgelassen, was zu erhöhtem Hustenreiz geführt hat.

Die Vorstellung Teilchen von Kot und Urin einzuatmen, fand er so ekelerregend, dass er den Gedanken nicht überwinden konnte und er immer heftiger Husten musste.

Auch jetzt noch sind seine Atemwege gereizt. Aber das wird er kurzfristig überwinden.

Was heute alles bevorsteht, kann er im Moment nicht sagen. Er sollte unbedingt besser draufkommen. Das üblich ‚Montagssyndrom' scheint ihm nicht mehr akzeptabel und angemessen. Als Erleuchteter sollte er sich auch auf einen ganz normalen Montag freuen können.

Seine Arbeit mit den Zahlen (heilen mit Zahlen) scheint ganz gut zu gelingen. Seit Samstag übt er sich darin seine Zwangsstörung durch die entsprechenden Zahlen in den Griff zu bekommen. Das scheint auch recht gut zu gelingen, nur manchmal bemerkt er überhaupt nicht, dass die Störung wieder zugeschlagen hat. Insgesamt aber, ist er weitestgehend davon befreit, allerdings muss er immer wieder die Zahlen aufsagen. Bis die Störung gänzlich überwunden ist.

Jetzt wird er sich ‚Hals über Kopf' in den heutigen Montag stürzen und sehen, dass er den Überblick behält.

22. Juli 2014
(06:38)
Sein Ausflug in die ‚Welt' hatte zur Folge, dass er sich von der Postmitarbeiterin belehren lassen musste. Das ging ihm irgendwie sehr Nahe und erzeugte Hoffnungslosigkeit.

Durch einen Mittagsschlaf in seinem Meditationsraum konnte er sich aber wieder zur Wahrheit zurück bringen. Danach ging es ihm wieder recht gut.

Die Nacht war sehr unruhig. Er weiß aber nicht mehr was er geträumt hat oder woran seine Unruhe lag.

Heute Morgen ist er einigermaßen bewusst, aber auch noch recht verschlafen. Das wird sich aber geben.

Seine Stimmung insgesamt ist beeinflusst von ängstlichen Gedanken, was die finanzielle Lage angeht. Aber er ist sich bewusst, dass Angst vom Ego kommt und dass beides, Angst und Ego, Illusionen sind. Es gibt nichts wovor Gott Angst haben müsste. Wie auch, da es außer ihm nichts gibt?

Die neuen Übungen sind einigermaßen leicht durchzuführen. Eine Wirkung kann er auch von diesen noch nicht verzeichnen. Bei den anderen auch nicht. Aber das wird schon noch kommen. Er hat keinerlei Zweifel daran, nur kostet es trotzdem immer noch eine gewisse Überwindung zu üben.

„Lieber Meister, kannst du mir sagen, wo ich stehe? Werde ich bald mehr Erleuchtung erfahren können. Konkreten Nutzen daraus ziehen können?"

„Welchen Nutzen willst du daraus ziehen?"

„Naja, das Leben soll sich harmonisieren, es soll die Liebe deutlicher zu spüren sein und ich sollte zumindest teilweise an der Fülle teilhaben können."

„Hm, so gesehen könnte das noch dauern. Solange deine Bedürfnisse im Vordergrund stehen, verfehlst du noch den Sinn der Schöpfung. Erst, wenn du ‚gemeinnütziger' denken gelernt hast, wirst auch du Teilhabe haben an den ‚Vergünstigungen', die jedem Mitarbeiter Gottes zustehen."

„Das verstehe ich schon, nur wie soll ich das umsetzen. Solange ich keine Aufgabe von Gott zugeteilt bekomme, fehlt mir der Ansatz für eine Mitarbeit."

„*Die Aufgabe kommt schon noch. Allerdings könntest du auch mehr bemüht sein, eine zu finden. Je mehr du ‚anleierst', desto eher wird sich eine Aufgabe für dich abzeichnen.*"

„Meinst du zum Beispiel die Videos zum Grundeinkommen?"

„*Ich kann dir dazu nichts sagen. Du musst selbst herausfinden, wozu du neigst. Was deine Talente und Interessen sind. Das kann nicht von mir kommen. Freiwilligkeit zählt. Ein Hinweis von mir, wäre eine falsche Motivation, die auf Dauer nicht halten würde.*"

„OK, die Videos, oder besser gesagt, das Grundeinkommen interessiert mich schon sehr. Ich denke es würde vielen Menschen einen großen Nutzen bringen und dem deutschen Volk als Ganzes, auch."

„*Wenn du es durchziehst und dir auch über die Folgeerscheinungen, sprich die damit verbundene Arbeit, im Klaren bist, dann mach es und rede nicht darüber!*

Aber du solltest auch noch über andere Möglichkeiten nachdenken. Solche die dich nicht sosehr fordern. Auch einfache Mitarbeit kann sehr geschätzt sein. Es geht um das Geben, das Hingeben und nicht darum, was du gibst."

„Aha, so habe ich das noch nicht gesehen. Ich dachte immer, je größer die Aufgabe, desto besser."

„*Es zählen vor allem die erfüllten Aufgaben. Deshalb ist es nötig, dass du dir Sachen ausdenkst, die du dann auch machst und nicht ewig vor dir her schiebst. Jemand ein kleine Hilfe zukommen zu lassen bringt mehr als wochenlang über eine große Hilfeaktion nachzudenken und diese dann doch nicht zustande zu bringen."*

„Ja, das verstehe ich gut. Ich muss überlegen, was da in Frage kommt. Wenn ich dich richtig verstehe, geht es um das Geben, was ein energetischer Vorgang ist, der dann entsprechenden Ausgleich schaffen wird."

„So ungefähr, aber die Spekulation auf den Ausgleich wird ihn verhindern. Selbstlos muss deine Gabe sein!"

Er wundert sich, dass der Meister heute Morgen so streng ist. Aber es ist schon richtig, er denkt ja, dass endlich etwas passieren muss, also muss er auch endlich etwas unternehmen. Wenn er nichts oder nur wenig tut, dann kann auch nur nichts oder wenig dabei herauskommen.

„Danke für den Hinweis, Vater. Er ist zwar etwas ungemütlich, aber dafür sehr deutlich!"

„Haha. Habe ich dich erschreckt? Haha."

„Nein, überrumpelt. Haha."

„Oh mein Armer, du tust mir so Leid. Haha."

„OK, ich denke deine Strenge hat mir heute Morgen doch besser gefallen. Haha."

*„Na, dann **streng** dich mal an! Haha."*

23. Juli 2014
(06:33)
Heute Nacht hatte er ein seltsames Erlebnis. In seinem Kopf scheint etwas explodiert zu sein. Er konnte diese Explosion hören, aber auch sehen. Es war ein helles Licht, das mit einem lauten Knall seinen Kopf erfüllte. Er schreckte völlig verstört aus seinem Schlaf auf.

„Meister war das eine weitere ‚Erleuchtung' oder was war das?"

„Wofür hältst du es?"

„Weiß ich leider nicht. Allerdings muss ich sagen, dass ich das Gefühl habe es könnte durchaus positiv gewesen sein. Auch wenn ich mächtig erschrocken bin."

„Dann war es das sicherlich auch."

„Willst du mit damit sagen, dass es so für mich ist, wie ich es interpretiere?"

„Was glaubst du?"

„Ich glaube, du hast heute Morgen keine Lust mit mir zu sprechen. Oder warum antwortest du mir so wortkarg?"

„Das ist keineswegs so. Ich möchte, dass du verstehst, dass in deinem Leben immer alles so ist, wie du es dir ausdenkst. Egal was passiert, deine Interpretation macht es in deinem Leben zu dem was es dann ausrichten wird. Wohlgemerkt: in deinem Leben!"

„Soll das heißen, es gibt keine objektiven Ereignisse, sondern nur subjektive?"

„Nein, das heißt es nicht. Es gibt Ereignisse, die sind weder so noch so. Objektiv, wenn du so willst. Dann kommt der Mensch und sieht sich diese Ereignisse durch sein individuell gefärbte ‚Brille' (seinen Glauben) an und bewertet sie. Das ist dann meistens fernab von dem ‚objektiven' Geschehen."

„Also ist heute Nacht etwas in meinem Kopf explodiert, oder nicht?"

„Es sieht ganz so aus."

„Was war das, objektiv?"

„Eine energetische Entladung."

„Diese zu interpretieren, würde bedeuten ihren Sinn an meine Welt, an meinen Glauben anzupassen. Aber wie ist es mit dir? Welche Ursache siehst du dafür und was bedeutet es für mich? Bin ich ‚Durchgeknallt', oder war das eine Erscheinung die eher mit Erleuchtung zu tun hat?"

„Ich habe dir bereits alles dazu gesagt. Ich interpretiere nichts, denn ich weiß, dass ich mit einer Interpretation ein Ereignis auf die stoffliche Ebene herunter ziehe. In deinem ‚Leben' kannst nur du das tun, oder auch nicht. Du kannst es ja auch so stehen lassen. Es war eine energetische Entladung. Fertig!"

„OK. Dann habe ich eine weitaus schwierigere Frage, die du mir hoffentlich beantworten willst. Ich finde nämlich keine Erklärung dafür.

Es hängt mit meiner Zwangsstörung zusammen. Ich komme erneut auf das was vor einiger Zeit, in einer anderen Inkarnation geschehen ist. Dort wurde ich ja von zwei Personen durch einen Trank gelähmt… aber ich merke gerade, dass ich bereits in meine Frage eine Interpretation hineinlege.

Ich möchte dich also fragen, woher meine Störung kommt?"

„Ja, es wurden damit deine paranormalen Kräfte ruhiggestellt. Warum ist klar, du hattest nicht die seelische Reife dafür erlangt und eine Menge Mist damit gebaut.

Wenn du heute deine seelische Reife weiterentwickelt hast, wirst du wieder Zugang dazu finden.
Übrigens hast du diese Kräfte damals durch strengste Disziplin und stetiges Üben, teilweise ganze Nächte lang, erlangt. Kannst du dir heute vorstellen so vorzugehen? Haha"

„Nein, kann ich mir nicht. Heute bin ich der Meinung was mir zusteht wird mir auch zufallen. Zu meiner Frage bedeute das, dass ich die Kräfte wiedererlange, wenn ich die Reife dafür habe und ich muss mir keine Gedanken machen, wie ich diese Verschlüsselung der Fähigkeiten entschlüsseln kann. Der Zugang kommt bei entsprechender Reife automatisch?"

„*Du könntest auch einen Weg finden sie zu entschlüsseln. Aber dafür fehlt dir die Disziplin.*"

„Was ich wissen möchte ist, ob ich mit den russischen Heilzahlen die Störung wegbekomme?"

„*Ich könnte jetzt fragen, was glaubst du, aber damit wärst du ja wieder nicht zufrieden. Also sage ich dir, so wie ich deinen aktuellen Gemütszustand erkenne, eher nicht.*"

„Hm, die Antwort gefällt mir auch nicht. Ich kann es also entschlüsseln. Gut, da ich meistens dabei ein Viereck in Gedanken zeichne, sieht das nach einer Bannung aus. Die Fähigkeiten wurden in einen Raum gestellt und dieser verschlossen. Um ihn zu öffnen benötige ich eine Zahlenkombination. Diese alleine reicht aber nicht, sonder diese muss auch eine geometrische Form erhalten. Eine die den Raum erweitert, öffnet. Dazu fallen mir eine liegende acht und ein Kreis ein, beides Zeichen für die Unendlichkeit.

Also muss ich mir mehr Mühe geben, die russischen Methoden auch richtig anzuwenden. Die Sphäre mit der liegenden acht und der Zahlenkombination könnte den Raum aufschließen. Stimmt das?"

„*Statt mich zu fragen und immer wieder ein ‚was meinst du' zu erhalten, könntest du es einfach versuchen. Mit auf den Weg möchte ich dir geben, dass du schon einmal äußerst diszipliniert warst und Disziplin der Schlüssel für vieles ist. Insbesondere für ‚magische' Kräfte.*"

Er hatte gehofft konkretere Antworten auf seine Frage zu erhalten. Aber auch mit denen kann er ja etwas anfangen. Nur ist das Umsetzen wieder mit Schwierigkeiten verbunden. Aber anscheinend geht hier nix ohne Übung und Disziplin.

Naja, seine Übungen hat er gemacht. Die Arbeit an den Glaubenssätzen leider noch nicht. Das liegt auch daran, dass er aktuell nicht genau weiß welche Sätze noch in Frage kommen. Alle weiteren Übungen waren mittelmäßig.

Mit der Erinnerung an wesentlich disziplinierter Zeiten will er sehen, dass er die Übungen und auch die Heilung neu überdenkt, das heißt, dass er versuchen will mehr Tiefgang und mehr Ausdauer an den Tag zu legen.
Ansonsten gilt es nur den Tag zu begrüßen und umzusetzen was möglich ist.

Es würde ihm schon gefallen, wenn er die paranormalen Kräfte wiedererlangen könnte. Die seelische Reife dafür hat er jetzt. Dies kann er deshalb so einfach behaupten, weil er ja angeblich sein Leben durch seine Interpretationen bestimmt. Nun, dann bestimmt er jetzt, dass er die seelische Reife erlangt hat.

„Haha. Geschickt umgesetzt. Mal wieder nur zu deinem Vorteil. Seelische Reife bedeutet ja, dass du für dich nichts willst und alles für deine Brüder und Schwestern. Nur zu deiner Info. Haha!"

„Haha. Danke für den Hinweis. Habe ich doch noch eine Info aus dir herausholen können. Haha."

„Ja gerne. Wenn du etwas damit anfangen kannst. Haha!"

Mit diesen Anhaltspunkten will er nun sehen wie er den Tag darauf abstimmt und die entsprechenden Aktivitäten einleitet.

„Haha. Das Wort Übungen magst du wohl gar nicht? Haha."

*„*Nein, ich kann es echt nicht leiden. Haha."

24. Juli 2014
(06:32)
Heute Morgen hat er seine Übungen mal etwas anders gestaltet und dabei wesentlich mehr Freude empfinden können. Auch war mehr Licht zu ‚sehen'. Das scheint seine neue Methode zu bestätigen.

Sonst kann er nichts Besonderes berichten. Alles läuft wie die ganze Zeit, mehr oder weniger akzeptabel. Erleuchtung hatte er sich anders vorgestellt. Aber was soll er machen. Interessant ist, wenn er ‚mein Gott, ich liebe dich' denkt oder laut ausspricht, dann scheint sich das Gefühl mit jeder Wiederholung zu steigern.

Das bringt ihn auf die Idee, dass eine ‚entschlossene' Meditation eventuell eine tiefere Verbindung mit Gott erzeugen könnte.

Was er leider bemerken muss, ist, dass sein Vertrauen zu Gott, oder wahrscheinlich eher zu sich selbst, miserabel ist. Immer wieder taucht der ‚Angsthase' auf und vermiest ihm das Leben.

„Meister, was hältst du von der Idee einer ‚entschlossenen' Meditation?"

„Entschlossenheit ist immer gut. Ob du mit dieser speziellen Meditation etwas erreichen kannst, musst du ausprobieren."

„Eine ähnliche Antwort habe ich schon erwartet, trotzdem Danke!"

„An deiner Stelle wäre ich froh, dass der wichtigste Schritt hinter mir liegt. Die Erkenntnis dessen, was ICH BIN! Auch wenn es nur ein kurzer Moment war, so war es aber ein sehr wichtiger. Wenn du genau hinsiehst, was hier steht, dann erkennst du, dass es JETZT keinen Unterschied mehr gibt zwischen dir und mir. Es geht ja um deine Erkenntnis, des ICH BIN."

„Naja, einen Unterschied zwischen uns gibt es wohl schon?"

„Jetzt werde nicht wieder spitzfindig. Wenn es im ICH BIN einen Unterschied gäbe, dann wäre es nicht das ICH BIN. Was du meinst ist der Grad der Bewusstheit. Darin unterscheiden wir uns. Trotzdem sind wir der Selbe, nämlich das ICH BIN!"

„Verstehe. Aber was hilft mir das? Ich sitze immer noch hier mit all meinen Problemen menschlicher und auch spiritueller Art. Wenn aufwachen keine Lösung ist, welchen Sinn hat sie dann?"

„Langsam, mein Freund. Du hast dich als Licht erkannt. Das nennt man Erleuchtung. Das ist aber noch keineswegs aufwachen. Aufwachen ist der nächste Schritt. Den bist du allerdings auch schon gegangen. Haha."

„Ach ja? Davon wüsste ich aber was."

„Haha. Anscheinend mal wieder nicht."

„Dann sage mir bitte was ich mir unter aufwachen vorstellen kann."

„Wer aufgewacht ist, hat die Entschlossenheit an den Tag gelegt, von der du immer nur redest. Haha."

„Anscheinend habe ich es aber dann doch zu einer Tat werden lassen, sonst wäre ich ja nicht erwacht."

„Schlaumeier. Aber es stimmt. Du hast es umgesetzt. Mit einer einzigen entschlossenen Tat. Jetzt wüsstest du gerne mit welcher, gell? Kann ich dir aber leider nicht sagen. Leider, ich würde es gerne tun, damit du nicht so einen Stress hast. Haha"

„Also eine Tat. Kein schleichender Prozess mehr?"

„Ja, anscheinend hattest du eine Idee was du tun musst um zu einem sofortigen Ergebnis zu gelangen."

Das bringt ihm heute Morgen alles nichts. Es ist sehr erfreulich, dass der Meister ihm Hoffnung macht, aber im Moment fühlt er sich nicht danach. Hoffnung ist nicht das was er braucht. Er braucht eine endgültige Lösung. Sonst nichts. Aber die wird ihm sein Meister nicht sagen.

Also wird er sich jetzt in den wahrscheinlich schönsten Tag seines bisherigen Lebens stürzen. Haha, wie lustig.

25. Juli 2014
(06:41)
„Lieber Meister hattest du die Idee mit dem goldenen Diplom für Erleuchtung? Und hast du dann gelacht, als ich es in Händen hielt?"

„Dass ich gelacht habe kann ich dir bestätigen. Aber die Idee mit dem Diplom stammte von dir. Wenn sich nichts ändern würde und du hättest aber ein Diplom über deine Erleuchtung, dann würdest du daran glauben? Das finde ich extrem lustig. Auf eine solche Idee kann nur ein Deutscher kommen. Hahaha."

„Aha, es war also meine Idee. Aber wie bin ich darauf gekommen? Was war das für ein Eindruck, als ich zunächst das Gefühl hatte, einen Werbeprospekt in den Händen zu halten? Ich habe das ganz deutlich spüren können und dann verwandelte sich dieser Prospekt in das Diplom. Wieso, ich habe es bewusst nicht ausgelöst?"

„Diese Frage ist schwierig zu beantworten, es ist aber ausnahmsweise mal eine gute Frage. Woher kommen innerliche Sinneseindrücke? Was meinst du, wie könnte das entstanden sein?"

„Danke, dass ich das mal wieder selbst erklären darf. Ich habe eigentlich keine Idee. So etwas habe ich bisher noch nie empfunden. Es war äußerst deutlich zu spüren, wie ich den Prospekt in Händen hielt. Dessen Verwandlung danach könnte ich schon erklären.

Als ich den Sinneseindruck, es war vor allem ein fühlen aber auch ein sehen, hatte, kam mir der Gedanke mit dem Diplom und das mir das sehr gefallen würde. Also den Teil kann ich schon auf mich nehmen. Das waren meine Gedanken.

Aber wie kam der Sinneseindruck überhaupt zustande? Dafür habe ich keine Erklärung."

„Nun, das ist leichter zu erklären als du denkst. Durch deine Meditation und deine inzwischen verfeinerten Sinne können solche Eindrücke spontan entstehen. Und das es ein Werbeprospekt war ist natürlich kein Zufall und würde mir an deiner Stelle zu denken geben. Haha."

„Es war also nichts Besonderes und das Diplom kann ich mir auch abschminken?"

„So einfach ist es auch wieder nicht. Besonders ist es insofern, dass deine Sinne inzwischen so verfeinert sind, dass solche Eindrücke entstehen können. Ein Zeichen für Erleuchtung.

Das Diplom stelle ich dir nun schon seit einigen Zeiten aus. Ich habe dir schon sehr oft gesagt, dass du erleuchtet bist. Wenn du das auch schriftlich brauchst, dann musst du es sagen. Haha"

„Ja gerne. Wenn es dir nichts ausmacht?"

„Oh, oh. Was soll ich nur mit dir machen? Du erleuchteter Bürokrat. Haha."

„Ganz einfach, du könntest mir das Diplom persönlich überreichen! Haha!"

„Ich verstehe dich ja. Mal sehen was ich machen kann. Vielleicht finde ich einen Engel, der es für dich anfertigt. Hahaha!"

„Also nicht?! Na das hätte ich mir schon denken können."

„Eigentlich habe ich gerade das Gegenteil gesagt. Aber du wehrst dich mal wieder dagegen. Genau wie gegen deine Erleuchtung. Die willst du ja auch nicht annehmen. Ohne Diplom. Haha."

Er ist noch ziemlich müde und es hat ja auch keinen Sinn die sogenannte Diskussion weiterzuführen. Letztendlich landet er sowieso immer wieder bei sich selbst. Anscheinend hat er immer noch Schwierigkeiten damit, dass die Erleuchtung anders ausgefallen ist, als er es sich vorgestellt hatte.

Natürlich weiß er, dass es ein Fehler ist, sich überhaupt Vorstellungen zu machen. Also bleibt ihm nur noch weiterhin daran festzuhalten, dass er erleuchtet ist. Es wird mindestens einen suggestiven Einfluss haben und vielleicht spürt er ja dann irgendwann etwas von seiner Erleuchtung.

Jetzt wird er erst einmal seinen heutigen Tag beginnen, indem er das Schutzgebet spricht und dann eine Tarot Karte zieht. Ach so, die Übungen waren mittelmäßig, wenn man von dem beschriebenen Sinneseindruck absieht.

Zeitsprung
Viel Leerlauf in der folgenden Zeit. Zumindest empfand er dies so.

Mai 2015 – Besuch russische Heiler

Anfang Mai 2015 hatte er nun einen Termin bei einem russischen Heiler, der allerdings kein Russe ist, sondern nach der russischen Methode arbeitet. Ein sehr sympathischer Mensch, der gemeinsam mit seiner Frau, ebenfalls sehr sympathisch, ihn empfing.

Es wurden eine Menge Gespräche geführt, die darauf hinaus liefen, dass er von ihm nach der russischen Methode mit Zahlen ‚belegt' wurde. Die Frau des Heilers überprüfte dabei, mittels ihrer Hellsicht, inwieweit die Zahlen eine Wirkung erzielen. So kam es, dass manche Zahlen mehrfach ausgesprochen werden mussten bis sie die gewollte Wirkung erzielten. Es sollten Blockaden entfernt werden, die sich anscheinend in seiner Zirbeldrüse befanden.

Natürlich ist dies eine sehr gekürzte Darstellung, die keineswegs die russische Methode noch das konkrete Vorgehen an diesem Abend wiedergibt.

Es zeigt aber auf, dass dort qualifiziert gearbeitet wurde, wenn sich auch die Einzelheiten seinem Verstehen entzogen haben und bei ihm der ‚Groschen' bezüglich der Heilmethode noch nicht gefallen ist.

Danach fuhr er nach Hause und wartete auf Ergebnisse. Die aber für ihn zunächst nicht sichtbar wurden…

Der erneute Zeitsprung entstand dadurch, dass er keine Geduld für das Tagebuch hatte. Übungen hat er teilweise schon gemacht. Auch hat er sehr viel gelesen, was ja auch Arbeit ist. So sieht er das zumindest. Arbeit an der Erweiterung seines Bewusstseins.

Start des neuen Tagebuchs

13. Juli 2015
Die neuen Aufzeichnungen sollen wieder in Form eines Tagebuches geführt werden, um ein gewisse Kontrolle darüber zu haben, wie regelmäßig er seine Übungen durchführt. Zunächst soll er bei den gewohnten Übungen bleiben. Danach werden ihm von seinem HÖHEREN SELBST, an seinen aktuellen Bewusstseinszustand angepasste Übungen, folgen. Wichtig ist, dass er jetzt lernt, sich mit seinem höheren Selbst zu identifizieren. Eins zu werden, oder besser, zu erkennen, dass er immer eins war und das dieses höhere Selbst sein eigentliches Selbst ist.

Die Trennung von Gott und das Ego hat er sich lediglich eingebildet. Warum, das wird er im Laufe der nächsten Zeit besser verstehen lernen.

Somit lauten seine Übungsfolgen ab heute wie folgt:

1. Körper - Licht
2. Licht – Atmung
3. Hsin Tao
4. Verbindung mit dem SELBST
5. Abschreiben, studieren von Grigori Grabovoi
„Die Auferweckung von Menschen und das ewige Leben – von nun an unsere Realität!"
6. Das neue Tagebuch.

14. Juli 2015
(07:40)
Heute Morgen ist er nur sehr schwer aus dem Bett gekommen. Verschiedene Träume hatte er auch, allerdings

drehten die sich um Banalitäten. Er hat Möbel (er bastelt gerade an seiner Küche) in die ganze Welt verteilt, wie seine Friedensbotschaft im Internet. Es sieht also so aus, als hätte er lediglich seine Tätigkeiten des Tages verarbeitet. Ob es wirklich so banal ist?

„Wie soll ich dich eigentlich ansprechen? Hast du einen Namen, den ich noch nicht kenne. In Indien werden ja vom Meister Namen vergeben, die das göttliche Selbst benennen sollen. Zumindest habe ich das immer so verstanden. Der wahre Name eines Menschen sollte ja, den wahren Menschen beschreiben. Und das bist ja du!"

„Ich bin der wahre Will und du, mein Sohn, bist Willi."

„So einfach soll das sein? Ich dachte ich erhalte jetzt einen Namen aus dem Sanskrit? Kannst du mir keinen bedeutungsvolleren Namen geben? Oder besser gesagt uns?"

„Wenn wir beiden denselben Namen haben, weißt du ja wieder nicht wie du mich ansprechen sollst. Haha".

„Kann ich vielleicht Meister zu dir sagen? Du bist doch mein eigentlicher Meister, oder?"

„Ja das bin ich, seid du meintest, dass du eine eigenständige Person bist. Seither muss ich dich immer wieder ermahnen und dich unterrichten. Haha. So gesehen bin ich etwas Ähnliches wie dein Meister. Also, dann sag halt Meister zu mir, wenn es dir so wichtig ist. Haha."

„Du hast recht, es gibt wirklich Wichtigeres, z.B. was kann ich tun, effektiv tun um mich mit dir zu vereinigen?"

„Diese Frage finde ich auch wesentlich interessanter. Nun, ganz einfach. Überlege einmal wie unsere scheinbare Trennung von statten ging."

„Ich dachte, dass deine Art die Dinge zu sehen, ein großes Risiko birgt und habe Angst bekommen. Angst vor der Zukunft, die du nicht planen wolltest. Du wolltest immer im JETZT bleiben und ich wollte aus der Vergangenheit auf die Zukunft schließen um Risiken zu vermeiden. Da du dich mir nicht anschließen wolltest, habe mich Selbstständig gemacht. Haha."

„Schön, dass du das lustig findest. Aber, wenn du genau hinsiehst, hat uns deine Art das Leben zu verstehen nicht gerade weit gebracht. Im Gegenteil, nie hatten wir größere Probleme. Inzwischen hast du dich ja gebessert und vertraust wenigstens teilweise auf Gott, unseren Vater.

Aber vor Problemen, hat deine Art uns nicht schützen können, sondern ganz im Gegenteil!"

„Wie konntest du das zulassen?"

„Was denkst du? Wie wäre es damit – meine Art der Lebensanschauung lässt alles zu, denn ich weiß, dass das ganze dreidimensionale Leben lediglich eine Simulation ist, in der wir ausprobieren können, was alles möglich sein könnte…

Du wolltest halt wissen wie es ist, wenn DU alles entscheiden kannst. Naja, jetzt weißt du es. Hahaha!"

„Das verstehe ich sehr gut. Aber welchen Sinn habe ich dann, wenn ich doch nichts darf?"

„Verstehen, du bis der Verstand und solltest somit verstehen. Haha. Kommt das überraschend für dich? Haha."

„Ich soll also verstehen, wie du das Leben lebst und mich dabei aber keinesfalls einmischen?"

„So ungefähr. Vor allem solltest du keine Trennung zwischen uns sehen. ICH BIN DU und DU BIST ICH!"

Das versucht er schon so lange. Leider bisher erfolglos. Beides übrigens. Sich rauszuhalten und nur zu verstehen, ohne Gedanken an die Zukunft oder Vergangenheit. Leider mit mäßigem bis überhaupt keinem Ergebnis.

15. Juli 2015
(07:51)
Nun, seine allgemeine Stimmung ist recht geknickt. Das Wasser im Keller hat sich zwar als relativ harmlos herausgestellt, ist aber keineswegs gelöst. Dabei viel ihm auf, dass es noch einige Wassergefäße gibt, die nicht dicht sind und Wasser daraus entweicht. Nicht viel, aber an den verschiedensten Behältern.

Die allgemeine Stimmung ist bedrückt, wird sich aber sicherlich demnächst ändern. Hofft er.

Seine neuen Übungen beginnen zur Routine zu werden, was sie deutlich erleichtert.

Trotzdem hat er einen Druck im Bauch und der soll weggehen. Sonst macht Leben keinen Spaß!

„Haha. Wer sagt dir, dass Leben Spaß machen soll?"

„Das sagt mir mein Bauchgefühl. Ich weiß einfach, dass ein richtig gelebtes Leben einen Menschen glücklich macht. Daran gibt es für mich keinen Zweifel. Nur weiß ich leider noch nicht so genau wie ein richtig gelebtes Leben aussehen soll. Haha."

16. Juli 2015
(07:08)
„Liebe ICH BIN Gegenwart, bitte sage mir, was ich noch tun kann um möglichst schnell meine Einheit mit dir empfinden zu können?"

„Gerne. Du kannst dir noch mehr Mühe geben deinen Tagesablauf darauf einzustellen, dass du dich mit mir verbunden hast. Damit meine ich, dass du in jeder Situation versuchst dich auf meine Ebene zu begeben und von dort aus Entscheidungen triffst. Mehr kannst du aktuell nicht tun. Ach so, doch, noch etwas, du kannst sicher sein, dass es bald soweit ist. Dass du bald die Einheit deutlich spüren wirst und mit mir gemeinsam unseren Meister triffst."

„Sind wir in einer Monade mit dem Meister?"

„Das wäre zwar schön, aber das ist leider nicht so. In unserer Monade sind andere Schüler und keine Meister."

„Aber du bist doch bereits Meister? Also kann es doch sein, dass es auch noch andere Meister in unserer Monade gibt?"

„Ja sicherlich. Aber der Meister Saint Germain ist ein aufgestiegener Meister, wie du weißt. Das sind wir noch nicht. Darüber hinaus war er der Chohan des violetten Strahls und hat jetzt eine weitaus größere Aufgabe übernommen. Um es zu verdeutlichen: Wir studieren und der Meister Saint Germain ist nicht nur Professor, sondern er hat die Aufgabe übernommen eine Universität zu gründen.

Das ist natürlich nur ein Beispiel! Aber daran kannst du den Unterschied zwischen ihm und mir, bzw. uns erkennen."

„OK, wer ist also in unserer Monade?"

„Ich denke, dass würdest du mir nicht glauben, deshalb werde ich es nicht sagen. Aber wenn du an Kontakt interessiert bist, dann werde ich welchen herstellen?"

„Oh ja, sehr gerne!"

Das wäre ihm eine besondere Freude. Menschen zu treffen, die mit ihm auf derselben Linie schwingen, die mit ihm ein Team darstellen. Mit diesen bewusst zusammenarbeiten zu können, wäre ihm eine große Ehre.

17. Juli 2015
(7:27)
Gestern hat er an der Gruppenmeditation teilgenommen. Anscheinend mit gutem Erfolg. Allerdings nur mit der Unterstützung seiner Freunde…

Sein Bewusstsein hat sich dabei erweitert, erst sah er die Erde etwa so groß wie er selbst ist, dann wurde sie immer kleiner, bis er das Gefühl hatte im Weltall zu schweben und die Erde in der Größe eines Tennisballs vor seinem Körper schwebte.

Er hat jeweils daran gedacht, wie alle Soldaten ihre Waffen niederlegen und diese dann von Mikroben aufgelöst werden.

Es war, trotz der Hilfe der Meister recht schwierig diese Vorstellung längere Zeit aufrecht zu erhalten, aber es ist ihm mehrmals gelungen sich wieder einzufinden.

Die Gruppe hat er deutlich fühlen können, was ihn zuerst erschreckt hat. Dann war es aber angenehm warm und gemütlich.

„Liebes, wirst du mir weitere Anweisungen geben, wie ich mich schnellst möglich mit dir vereinigen kann?"

„Na, was glaubst du?"

„Ja klar, war eine blöde Frage. Ich wollte damit nur zum Ausdruck bringen, wie sehr ich mich nach dir sehne. Mehr als nach sonst irgendetwas!"

„Ja, das weiß ich, mein Liebster."

„Du scheinst mir heute Morgen etwas mundfaul zu sein?"

„Ja bin ich. Ich schwelge noch in dem Gefühl, das du aus der Meditation aufrecht erhalten hast. Deiner Morgen Meditation. Also, das was du gerade jetzt mitgebracht hast. Das ist ein Vor-

gefühl zu dem Gefühl, das entsteht, wenn du dich bewusst mit mir verbunden hast."

„Nicht übel, daran könnte ich mich gewöhnen. Haha."

„Oh ja, mach das!"

Er hofft auch, dass sich dieses Gefühl, das er gerade hat weiter in ihm verbreitet. Mal sehen wie er das hinbekommen kann.

18. Juli 2015
(06:56)
Heute Nacht hat er wie ein Toter geschlafen. Keine Erinnerung ist ihm geblieben.

„Wie soll das weitergehen?"

„Ganz so, wie du es gerne hättest. Haha."

„Das freut mich. Dann werde ich also heute wiedergeboren als Christus Gottes. Haha."

„Das gefällt mir. Aber einmal abgesehen davon. Was genau verstehst du darunter?"

„Gute Frage, das weiß ich nicht so genau. Gestern habe ich von der Mahatma Energie gehört. Gott scheint in diesem Bild der Welt recht weit weg zu sein. Das scheint mir falsch. Gott ist alles was ist, oder?"

„Hm, beides ist richtig. Gott ist alles was ist. Allerdings, gibt es verschiedene Reinheitsgrade oder Schwingungsraten. Die *höchste und reinste, also die Quelle ist momentan noch einige Zeiten entfernt.*

Aber das bedeute nichts. Im Moment entdeckst du mich, d.h. das Ideal deiner Individualität. Freue dich darauf, freue dich auf die Vereinigung, die natürlich nur eine symbolische sein kann, denn wir sind ja eins, oder? Haha."

„Aber warum scheinst selbst du mir so weit entfernt? Und überhaupt fühle ich mich derzeit stark belastet. Warum ist das so?"

„Das liegt an deinen Auflösungen, die aber sehr wichtig waren und du wirst auch noch einige machen. Was du dabei auflöst ist eine Art Verstopfung deiner Leitungen. Der Leitungen durch die die Energie (Gott) vollständig in dich einfließen kann.

Allerdings befindest du dich dabei in einer Art Prüfung. Es kommt dabei darauf an, dass du trotz, dass alte Angelegenheiten wieder hoch kommen, du in deiner Mitte bleibst, geduldig deinen Beitrag zum täglichen Leben leistest und abwartest, bis die Reinigungsarbeiten abgeschlossen sind…

Um mehr geht es nicht in deiner Prüfung. Bis jetzt hast du allerdings noch nicht bestanden. Da muss noch einiges bereinigt werden und du hast die Gelegenheit zu zeigen, dass du weise bist und dich der Situation stellst."

„Das will ich gerne tun. Leider habe ich das Gefühl, dass ich im Stress bin und keine Zeit mehr habe?"

„Keine Angst. Vor allem keine Angst. Wie du weißt gibt es eigentlich keine Zeit. So gesehen stimmt dein Gefühl. Du hast keine Zeit, hattest auch nie welche, die hattest du dir nur eingebildet. Haha."

„Sehr lustig. Wenn ich deine Antwort richtig verstehe, dann soll ich überhaupt nicht darüber nachdenken und mich lieber so einstellen, wie ich das früher tat. Da hatte ich die Überzeugung: Alles geschieht zur rechten Zeit!"

„Ja, eine solche Einstellung ist recht brauchbar."

Für heute will er sich damit zufrieden geben. Heute muss er eine Menge Dienst leisten. Wird sicherlich alles zu seinem Besten sein. Davon ist er schon überzeugt, bei allen Zweifeln, die er an seiner Person hat...

19. Juli 2015
(06:49)
Heute hat er seine Vision an den Meister übergeben, seine Vision einer lebenswerten Zukunft. Jetzt hofft er, dass sie angekommen ist. Das weitere wird dann der Meister Saint Germain selbst entscheiden!

„Was denkst du, Will? Ist meine Botschaft erkennbar für den Meister, ist meine Sphäre, meine gefüllte Kugel bei ihm angekommen?"

„Lieber Willi, natürlich ist deine Botschaft angekommen. Schon gestern als du sie erdacht hast!"

„Na dann. Freut mich!"

Jetzt will er dann seinen Meditationsraum verlassen und wieder nach drüben gehen und den Tag beginnen, in dem Bewusstsein, dass jetzt Alles gut wird!

21. Juli 2015
(06:52)
Gestern war er zwiespältig drauf. Das ist aber heute anders. Allerdings sind gestern einige ‚Plakate' für seine Internetwerbung entstanden. Nichts berühmtes, aber brauchbar.

„Was kann ich noch konkret tun, um meine Aufgabe zu erkennen und sie zu erfüllen?"

„So weiter machen – allerdings mit wesentlich mehr Geduld."

„Ich denke eben, dass es dringend erforderlich ist, dass die Welt umgepolt wird, aufhört, sich von einigen wenigen Menschen beherrschen zu lassen. Ich will jetzt endlich meinen Beitrag zur Befreiung der Welt leisten!"

„Das ist wirklich sehr nett von dir, aber mach dir keine Gedanken, alles geschieht zur rechten Zeit. Alles ist im Lot!"

„Wenn du es sagst. Dann kann ich mich ja wieder hinlegen. Haha."

„Soo war das nicht gemeint. Haha. Aber wenn du glaubst, dass dich hinlegen weiterbringen würde, dann wäre sogar das richtig. Alles von dem du denkst, dass es dich weiterbringt, tut es auch!"

„Heute sieht es nach Gartenarbeit aus. Die bringt mich etwa auch weiter?"

„Wenn du es glaubst – dann ja. Vielleicht kannst du ja eine Meditation oder eine Konzentrationsübung daraus machen. Du kannst aber auch Liebe für Julia entfalten und ihr einen wunderschönen Gartenaufenthalt ‚bescheren'."

„Ok, das habe ich verstanden. Ich werde das mir bestmögliche daraus machen. Danke für diesen Hinweis. Ich hatte die Gartenarbeit mal wieder als reine Arbeit empfunden und damit stehe ich ja auf ‚Du und Du'. Haha!"

„Viel Spaß, den solltest du dabei nämlich auch haben!"

„Danke!"

Jetzt will er noch etwas in den Schriften des russischen Heilers studieren. Dann wird er den Tag, immer noch, mit einem Tee beginnen. Also, abwarten und Tee trinken, nach dem Studium.

22. Juli 2015
(07:29)
In der vergangenen Nacht scheint er wieder viel verarbeitet zu haben. Viele, anstrengende Träume. Anstrengende aber keine Alpträume.

„Wie soll ich mich gegenüber meinem Münchner Kontakt verhalten? Brief schreiben oder anrufen oder eMail? Ich weiß es nicht, ob es erwünscht ist, dass ich weiteren Kontakt halte.

Allerdings habe ich innerlich ein starkes Bedürfnis erneut ins Gespräch zu kommen.

Was soll ich also tun?"

„Nun, was würdest du am Liebsten tun?"

„Ich denke anrufen wäre am Besten. Da würde ich am ehesten spüren, ob ein erneuter Kontakt erwünscht und auch sinnvoll ist."

„Dann mach es eben und red nicht lange darüber! Haha."

„Danke für das Gespräch – ich hätte mir selbst keinen besseren Rat geben können. Wenn ich nur schon mehr Bewusstsein hätte, besser deine Anwesenheit spüren könnte, dann würde es mir sehr, sehr viel besser gehen und ich würde mit wesentlich mehr Motivation meine Tätigkeiten angehen können!"

Bevor er anfängt zu Betteln und zu Jammern, wird er sich jetzt in den neuen Tag hineinstürzen. Mit allem was dazu gehört und natürlich auch.

23. Juli 2015
(07:29)
Heute Nacht hat er wieder eine Menge geträumt, eine Menge Arbeit geleistet. Eigentlich kein Wunder, wenn er dann morgens müde ist und am liebsten weiterschlafen würde.

„Mit Fragen sieht es aktuell auch nicht gerade gut aus. Dennoch möchte ich dich Fragen, ob es richtig ist, dass die Engel da sind, um uns in jeder, noch so banalen Situation beizustehen, d.h. uns zu unterstützen?"

„Es sieht ganz so aus – ich wundere mich auch schon. Haha."

„Sehr lustig. Sind Engel wirklich dazu da, um den Menschen zu dienen?"

„An deiner Stelle würde ich einfach einmal einen Engel fragen. Der kann dir das am Besten erklären."

„Es gibt ja momentan mindestens einen Engel der hier und jetzt sich bei mir befindet. Liebe Antonius, kannst du mir bitte deine, d.h. die Aufgabe der Engel erklären?"

„Sehr gerne, lieber Willi. Es gibt verschiedene Engel, mit verschiedenen Aufgaben. Ich bin z.B. ein Schutzengel. Dein Schutzengel. Ich habe die Aufgabe dich immer zu schützen. Durch alle Inkarnationen hindurch und in allen sonstigen Räumen.

Ich bin immer bei dir und freue mich sehr darüber, wenn du mit mir ins Gespräch kommen willst.

Es gibt aber auch noch andere Aufgaben, die unser aller Vater für Engel vorgesehen hat. Dabei steht immer der Mensch im Mittelpunkt, dessen Entwicklung gehegt und gepflegt werden soll.

So gibt es tatsächlich für alle Lebensbereiche der Menschen Engel, die, auf Anfrage, alles regeln können, was dich so beschäftigt. Also auch den berüchtigten ‚Klempnerengel'. Oder auch den ‚Sponsorengel'. Natürlich heißen diese Engel nicht so, sondern haben sehr schöne Namen. Zu deinem besseren Verständnis wollen wir sie trotzdem nach ihrer Funktion benennen.

So wie der Sinn deines Daseins der ist, Gott zu erkennen und deine Sohnschaft anzunehmen, so ist es unsere Aufgabe, dir, dem Sohn bei seiner schwierigen Aufgabe zu unterstützen. Natürlich trifft das auf alle Menschen zu, denn alle gemeinsam sind der Sohn. Wobei das Wort Sohn androgyn zu verstehen ist, also sowohl männliche als auch weibliche Aspekte in sich vereint."

„Ich darf euch also jederzeit ansprechen und um Hilfe bitten. Bei jeder Kleinigkeit?"

„Wir freuen uns jedes Mal sehr, wenn wir von den Menschen bemerkt und angesprochen werden. Jede noch so kleine Aufgabe die wir erhalten, erfüllen wir äußerst gerne und es gibt nichts, was wir nicht können. Also frage so viel du kannst und wann immer du meinst Unterstützung zu brauchen. Wir sind alle da um dich zu unterstützen!"

„Dann möchte ich jetzt folgende Bitten vortragen:

- Du, lieber Antonius, beschütze mich bitte immer vor allen Angriffen und vor Naturkatastrophen.
- Dann bitte ich den Sponsorenengel, dass er Visio Nova e.V. einen riesigen Geldsegen beschert, damit ich/wir unsere Aufgabe, einen Weltfrieden zu erschaffen, bestens erfüllen können.

- Dann bitte ich dich Julias Engel, Angelo, zu bitten sie immer zu beschützen, vor Angriffen und Naturkatastrophen.
- Dann bitte ich den Erzengel Raphael, dass er Julia durch ein Wunder heilt.
- Und jetzt noch der Klempnerengel. Bitte repariere unsere Wasserleitung, dass dort kein Wasser mehr austritt!
-

Euch allen Danke ich im Voraus und bin sehr gespannt, ob ich den richtigen Weg gefunden habe mit euch zu kooperieren."

Irgendwie fühlt er sich jetzt erschöpft und möchte seinen Tee trinken gehen. Genau, und - abwarten.

24. Juli 2015
(07:15)
Heute Nacht hat er wieder schwer gearbeitet, zusammen mit einer Frau, an die er sich nicht erinnern kann. Teilweise schien der Traum aufschlussreich zu sein. Allerdings weiß er nicht mehr warum.

„Kannst du mir helfen? Ich möchte mich morgens an meine Träume erinnern können. An alle Träume jeden Morgen?!"

„Ja, das könnte ich. Ob ich die Erlaubnis dafür erhalte, weiß ich nicht. Es hat ja einen Sinn, wenn du sie vergisst. Es müsste also ein wichtiger Grund vorliegen, warum deine Träume für dein Gedächtnis freigegeben werden sollen. Hast du einen solchen Grund?"

„So gesehen, nein. Ich dachte es sei wichtig für mich, dass ich meine Träume erinnere, um sie dann verarbeiten zu können. Aber wenn es einen Grund gibt, dass ich mich nicht erinnere, dann würde ich diesen Grund gerne kennen. Möchte ihn aber auf alle Fälle dann respektieren."

„Der Grund ist der, dass du deine Träume falsch interpretieren könntest. Dies ist aktuell ein zu großes Risiko. Es ist wichtig, dass du dich durch nichts von deinem Weg abbringen lässt. ‚Schräge' Träume könnten dies tun. Auch könnten sie dir das Gefühl geben, dass nichts Wichtiges geschieht. Auch das wäre nicht gut und vor allem falsch. Also, wenn du die Freigabe erhalten möchtest -und das ist möglich- solltest du einen gewichtigeren Grund vorweisen, als Neugierde."

„Naja, Neugierde ist vielleicht die Triebkraft, aber ich hatte schon einen besseren Grund, nämlich die Idee, dass, wenn ich 24 Stunden bei vollem Bewusstsein bin, ich schneller voran kommen kann."

„Aber du bist ja 24 Stunden bei Bewusstsein. Nur erinnerst du dich jeweils nicht an deinen anderen Bewusstseinszustand. Du bist dir aber immer in dem Maße bewusst, wie es deinem aktuellen Bewusstseinszustand entspricht. Es ist nur der kurze Moment des Erwachens und des Einschlafens, wo du vergisst."

„Na dann möchte ich abwarten, bis die Erinnerungen freigegeben werden. Das wird ja dann mit Sicherheit der richtige Zeitpunkt sein. Der optimale Zeitpunkt."

„Allerdings, da kannst du dir sicher sein!"

Dann will er sich damit zufrieden geben und sich wieder seinem alltäglichen Tun hingeben.

25. Juli 2015
(08:42)
Vergangene Nacht hat er wieder viel geträumt, er erinnert sich natürlich nicht daran, aber das macht ihm nichts aus, denn er weiß ja jetzt warum das so ist. Seine Übungen hat er heute Morgen recht gut hinbekommen. Bei Übungen mit den Zahlen, sollte er die, die er mit dem Mudra gemeinsam ausführt, singen und bei der HSIN TAO Übung musste der ganze Körper atmen. Beides ist ihm heute gut gelungen. Gestern Abend hat er davon gehört, dass man, will man steuern, nicht bitten soll, sondern verfügen muss. Es geht darum, dass man mit einer gewissen Kraft die Verfügung herausgeben soll, wie ein Manager oder Unternehmer etwas in seinem Unternehmen bestimmt. Ihn hat es daran erinnert, wie man mit Tieren, mit Hunden, umgehen muss um diese zu bestimmen.

„Wenn man so vorgeht, bestimmt man die Welt, stimmt das?"

„Nicht wirklich. Die Welt reagiert nicht wie ein Hund auf dein rufen. Die Welt ist da doch wesentlich anders. Allerdings was dein Gefühl angeht – da kommst du der Sache deutlich näher. Es sollte eine starke innere Überzeugung da sein, wenn man etwas bestimmt. Ja, vielleicht wie wenn man einen Hund bestimmt. Vergesse dabei aber nie die Liebe und die Verantwortung, die du übernimmst, wenn du bewusst bestimmst!!!"

„Ich werde nach bestem Wissen und Gewissen damit umgehen. Da kannst du dir gewiss sein!"

Nun, das sagt er so vor sich hin. Stimmt das auch? Es wird wohl so sein, dass er sich seiner Verantwortung sehr stark bewusst ist. Das kommt von selbst mit der Erweiterung seiner Möglichkeiten.

26. Juli 2015
(07:49)
Heute Morgen muss er andauernd daran denken, dass Julia gestern die ideale Idee hatte, wohin man einige Facebook - Leute ziehen könnte. Super Idee, hoffentlich wird sie angenommen.

Ansonsten gibt es keine Neuigkeiten.

27. Juli 2015
(07:42)
Heute Morgen ist er psychisch nicht auf der Höhe. Er benötigt mehr Freude und gute Laune in seinem Leben. Aber um die hat er ja heute schon gebeten.

Sonst keine besonderen Vorkommnisse.

28 Juli 2015
(07:39)
Heute hat er wieder keine Erinnerungen an die vergangene Nacht. Aber, er weiß ja warum und es stellt somit kein Problem für ihn dar.

Bei seinen Meditationen ist ihm heute die Idee gekommen, ob er vielleicht eine Meditation entwickeln sollte, die er der donnerstags Meditationsgruppe kostenlos ins Internet stellen sollte.

„Was meinst du? Soll ich das machen oder werden sich die Mitglieder der Gruppe dagegen sperren?"

„Sicherlich werden manche sich dagegen sperren, aber wenn du es nur für die acht oder neun Mitglieder machst, die deinen letzten Meditationsvorschlag ‚geliked' haben, dann hat sie bereits einen großen Sinn. Meine Empfehlung – ja, mach das!"

Das freut ihn und er wird sich so schnell wie möglich Gedanken darüber machen und diese in die Tat umsetzen.

29. Juli 2015
(07:20)
Leider fällt ihm momentan alles sehr schwer. Er hat das Gefühl dafür verloren, wie es weitergehen soll. Keine Hoffnung und keine Vorfreude auf etwas. Dass ist leider eine recht schwierige Lage für ihn. Immer wieder stellt er alles in Frage. Ein Vorankommen ist bisher auch nicht zu sehen. Vielleicht wird doch noch etwas aus seinen Coaching Ambitionen, aber das steht auch noch in den Sternen.

„Wie kann ich mich mit dir eindeutig und nachhaltig und auch emotional verbinden?"

*„Das ist eigentlich sehr einfach. Du musst unsere Einheit lediglich bejahen, glauben, dass sie gegeben ist. Denn – es wird dich sicherlich überraschen – wir sind immer eins gewesen, nie hat uns etwas getrennt, du und ich, wir **sind** eins!"*

„Was du nicht sagst. Es wird dich vielleicht wundern, aber das wusste ich bereits – nur – es nützt mir nichts. Ich fühle trotzdem nicht unsere Einheit?!"

„Nun, was glaubst du wie sich unsere Einheit anfühlen soll?"

„Ich denke dass ich eine große Kraft verspüren sollte, eine Kraft, die mir bisher unbekannt war. Eine Kraft, die über meine kleinen menschlichen Kräfte weit hinausgeht. Und diese Kraft möchte ich nicht nur spüren, sondern auch anwenden können. Heilungen bewerkstelligen, finanzielle Probleme auf eine höhere Weise regeln können. Das ist ungefähr das, was ich mir wünsche. Was ich erleben möchte!"

„Ok, OK. Nun, aus der Lektüre weißt du, dass wir, also auch ich, noch an etwas Höheres angeschlossen sind, an unsere Monade. Und diese wiederum ist dann mit dem Schöpfer verbunden. Diese Schritte müssen wir gemeinsam gehen, erst dann, wirst du das erleben, was du dir wünschst.

Die Schritte sind also:
1. Du schaffst es, dir deiner Einheit mit mir bewusst zu werden
2. Werden wir uns bewusst mit unserer Monade verbinden und
3. werden wir drei erkennen, dass wir Eins sind und dadurch die Einheit mit allen und jedem, also mit Gott dem Schöpfer empfinden.

Einfach, oder?"

„Nö, überhaupt nicht. Ich weiß nicht, wie ich mir meiner Einheit mit dir bewusst werden soll, ich weiß nichts von einer Monade, außer was ich gelesen habe, und ich verstehe schon lange nicht, wie wir uns dann mit dem Schöpfer verbinden sollen.

Ich war bisher der Meinung, dass du das Christusbewusstsein bist und ich somit durch dich bereits verbunden bin mit dem Schöpfer. Dass es dazwischen noch eine Monade geben soll, ist mir völlig neu.

Also, was soll ich tun, um mich mit dir zu verbinden, nachhaltig zu verbinden?"

„Mach einfach so weiter wie bisher. Du bist auf dem richtigen Weg und sogar recht schnell unterwegs. Mach dich frei von Vorurteilen und menschlichen Grenzen. Insbesondere gesellschaftlicher Grenzen. Die Gesellschaft ist akut erkrankt und bedarf einer Heilung. Deshalb ist es entscheidend, dass du dich nicht davon anstecken lässt. Was immer die Krankheit der Gesellschaft ist, es ist nicht deine Krankheit!

Also weitermachen wie bisher, vielleicht mit etwas mehr Lust und Freude und guter Laune!"

Irgendwie freut es ihn derlei von seinem höheren Selbst zu erfahren, aber andererseits nützt es ihm aktuell eigentlich nichts.

30. Juli 2015
(07:57)
Heute Morgen hat er einige Ideen, wie man aus der Erkenntnis der Zahlenreihen einen Rap machen könnte. Eine kurze Geschichte über die menschliche Entwicklung. Mit der Zahlenreihe integriert. Es könnte ein Schlüssel sein, der Millionen die Tür aufschließt – und dann aktiviert – die die Erinnerung an den Sinn, den Ursprung, an Gott, wieder offenbaren. Gleichsam wie ein Knopf, der gedrückt werden muss…

Interessante Vision, jetzt ist aber zunächst die Friedensmeditation an der Reihe. Danach kann er sich dann um den oder die Raps kümmern.

31. Juli 2015
(07:54)
Ihm kam es heute Morgen so vor, als wäre seine Aufgabe im Leben, seine Berufung, anderen Menschen beim Aufstieg zu helfen, sie zu unterstützen. Dies mit allen ihm zur Verfügung stehenden Mitteln.

- Schöpfer von Meditations- CDs
- Seminarleiter
- Coach

Außer Seminarleiter, würde ihm dies alles Freude bereiten. An drei Tagen in der Woche. dienstags, mittwochs und donnerstags.

„Und die restliche Zeit?"

„ Nun da gibt es noch den Verein. Aber dessen Aufgabe muss ich auch erst noch erkennen.

Erstmal aufsteigen!"

1. August 2015
(07:46)
Heute Nacht hat er geträumt, dass ihm jemand eindeutige Anweisungen gegeben hat, wie man etwas im Internet veröffentlichen soll. Hm, leider - vergessen. Er ist sich aber sicher, dass es ihm in dem Moment einfallen wird, wenn er es benötigt. Immer alles zu seiner Zeit und zur rechten Zeit. Das war schon immer seine Devise.

Irgendwie ist ihm ein gutes Gefühl geblieben. Dies ist ja auch eine Art Erinnerung.

2. August 2015
(07:55)
An die vergangene Nacht hat er aktuell überhaupt keine Erinnerung. Null, nichts. Auch merkwürdig. Wie auch immer – ansonsten keine Neuigkeiten.

3. August 2015
(07:46)
Heute Morgen hat er die Idee erkannt, dass man geführte Meditationen in eine kleine Geschichte verpacken kann und sollte. Auch wären Obertöne in der Geschichte recht interessant. Dafür hat er ja eine Anleitung gefunden. Vielleicht bekommt er das hin.

Sonst nix Neues. Heute Nacht hat er davon geträumt, dass man Informationen auf eine Plexiglasscheibe schreiben sollte. Das schien einem Mann sehr wichtig. Er weiß nicht wer dieser Mann gewesen sein soll. Aber er hat immer wieder darauf bestanden, dass das Schreiben von Informationen auf einer Plexiglasscheibe stattfinden soll.

Der Träger der Information sollte unsichtbar bleiben. Warum wurde nicht erklärt, aber vielleicht kommt das noch. Anscheinend sollte das die Information sein, dass der Träger von Informationen unsichtbar sein soll!

4. August 2015
(07:49)
Heute Nacht hat er geträumt, dass ein Mann und eine Frau ihn vor dem Internet oder vor Facebook warnen

wollten. Einer von den Beiden hatte keine Beine mehr. Wenn er aber daran denkt, was er neulich hier von seinem Höhern Selbst zu Träumen gesagt bekam, dann will er sich nicht mit einer Interpretation versuchen. Wer weiß, was das zu bedeuten hat. Die Botschaft muss vielleicht nicht wörtlich genommen werden.

Gestern sind ihm im Laufe des Tages zwei Träume wieder eingefallen. Er hat sie als so belanglos empfunden, dass er sie gleich wieder vergessen hat. Sein Verdacht ist der, dass er sich denken könnte, dass ihm seine Traumwelt genauso vertraut ist, wie die Welt, die er sich im Wachbewusstsein ansieht. Deshalb vergisst er seine Träume wieder und umgekehrt – im Traum erinnert er sich auch nicht an sein normales Tagesgeschehen.

Wenn beide Welten zu einer für ihn werden, dann, so denkt er, wird sich eine Unmenge an Fragen klären und sich seine gesamte Welt deutlich verbessern.

5. August 2015
(07:54)
Er hat aktuell keine Erinnerung an die Nacht, d.h. an Träume. Seine Stimmung ist nicht besonders aufbauend. Er hat das Gefühl nicht zu wissen wie es weitergehen soll. Da fällt ihm schon wieder Fasten ein. Allerdings, evtl. könnte das schon berechtigt sein. Er hat noch einige „Abnabelungen" vorzunehmen – von Menschen und Situationen die Verbindungen kappen. Das muss noch zu Ende gebracht werden und da wäre Fasten schon angebracht.

Er sollte allerdings eine Möglichkeit finden, wie er das dezent und ohne großes Aufsehen machen kann.

Außerdem muss er mit den Friedensmeditationen weitermachen. Die sollte er auf alle Fälle ins Netz stellen. Sowieso, auch wegen der Werbung für seine sonstigen mp3's.

Und seine Küche sollte er dringend weiterbearbeiten. Auch im Garten gibt es noch eine Menge zu tun.

6. August 2015
(07:35)
Heute Morgen ist er wie erschlagen. Er hat bisher keine Erinnerung an die Nacht. Seine Übungen hat er nur teilweise gemacht und weiß eigentlich nicht was ‚abgeht'.

Irgendwie fühlt er sich wie verliebt, aber ohne einen ‚Gegenstand' oder eine Person. Obwohl, die hat er auch alle lieb. Und die Natur…

Aber, so schön das klingen mag, er kommt sich dabei ziemlich albern vor. Er erinnert sich aber auch an die Beschreibungen einer Frau, die ihren Aufstieg, d.h. ihre Gefühle dabei beschrieb. Das hörte sich ähnlich an. Allerdings dachte er nicht daran, dass sich das über Tage hinzieht, sondern ein Prozess von wenigen Stunden wäre.

23. August 2015
(08:46)
Inzwischen hat sich einiges getan. Allerdings, hat er alle seine Übungen vernachlässigt, d.h. er hat sie nicht gemacht. Er war innerlich zu unruhig dazu. Auch aktuell ist er nicht gerade motiviert. Allerdings hat er gestern das Gefühl gehabt, dass er deutlich von seitens der höheren Welt dazu aufgefordert wurde die Übungen wieder

aufzunehmen. Das hat er dann heute Morgen auch gemacht.

27. August 2015
(07:46)
Seit Montag ist er mit der Beerdigung seiner Lebensabschnitte beschäftigt. Das ist eine anstrengende Arbeit und er hat keine weiteren Übungen absolviert. Aber die einzelnen Beerdigungen (3 bisher), kosten eine Menge Energie.

„Geliebte ICH BIN Gegenwart, bin ich auf dem richtigen Weg? Werde ich auf diese Weise meinen Aufstieg einleiten?"

„Ah, sehr freundlich, dass du dich mal wieder an mich wendest! Haha. Nun zu deiner Frage. Kann man sich eigentlich falsch verhalten, auf dem falschen Weg sein? Ist nicht immer alles Entwicklung?"

„Fein, das mag ich so an dir, deine Gegenfragen. Ich denke ja, man kann sich falsch verhalten. Wenn man stehen bleibt und nichts tut... Wenn ich so recht überlege, würde man in diesem Fall sterben, weil das Leben sinnlos geworden wäre und somit würde es wieder weitergehen. - Nein, anscheinend nicht."

„Sehr gut. Allerdings kann man sich optimal und weniger optimal verhalten. Optimal im Sinne von zielorientiert. Das ist bei dir schon recht gut ausgeprägt, ich könnte mir aber Verbesserungen vorstellen. Haha."

„Damit war ja zu rechnen. Und was wären das für Verbesserungen?"

„Nun, vorerst möchte ich sagen, dass du derzeit sehr gut voran kommst. Eine Steigerung würde entstehen, wenn es dir gelingen könnte, regelmäßiger deine Übungen zu absolvieren. Ich denke dabei vor Allem auch daran, dass du das Buch von Grigori Grabovoi abschreiben wolltest… Deine morgendlichen Übungen wolltest du auch auf abends ausdehnen…

Dazu hätte ich einen Vorschlag. Wie wäre es, wenn du dir für abends eine eigene Übung ausdenken würdest, die du beim Einschlafen anwenden würdest. Du könntest dir Zahlen vorsagen, oder Gebete sprechen oder dir vornehmen, dich mit mir oder anderen zu verbinden. Einen Traum zu haben, in dem du mir oder dem Meister Saint Germain begegnest. Oder dem Erzengel Michael? Was hältst du davon?"

„Super Idee! Ich werde sehen, ob und wie ich sie umsetzen kann. Vielen herzlichen Dank für die Anregungen!!!"

18. September 2015
(07:41)
Lange ist es her, dass er hier, im Gespräch mit der Meisterebene, gewesen ist. Das bedeutet aber nicht, dass er in der vergangenen Zeit keine Übungen gemacht hätte. Im Gegenteil er hat umfangreiche Auflösungsarbeiten hinter sich gebracht. Jetzt will er neu starten. Ein neues Leben hat nun für ihn angefangen. Die vergangenen vier Leben hat er alle beerdigt, indem er mit diesen einzeln abgerechnet hat, sie bewertet hat und dann eingeäschert hat. Die Trauerrede inklusive.

Heute Morgen hat er dann zwei Ideen gehabt, die er hier aufschreiben will:

1. Er wird die Allianz der Liebe und des Friedens, wenn er die Friedensmeditation im Internet verbreitet, zuvor aktivieren, d.h. er wird die entsprechenden Zahlenreihen von Grigori Grabovoi aktivieren und danach, während der Tempel noch geöffnet ist, posten. Dies soll nicht länger als 27 Minuten dauern, also dreimal neun.

2. Danach will er, gemäß dem Viererschlüssel, ein Wort, das das Ziel, den Frieden ausdrückt, quabbalistisch aussprechen. Ebenfalls drei Mal neun Minuten. Dann wird er das dabei entwickelte Volt in die ganze Welt aussenden.

„Nun, mein geliebtes SELBST, was hältst du von dieser Strategie?"

„Würde mir gut gefallen, wenn du dadurch deine anderen Übungen nicht vernachlässigst. Es wäre eine intelligente Steigerung deiner Bemühungen!"

„Die bisherigen Übungen soll ich also beibehalten?"

„Ja unbedingt. Wie du heute Morgen bemerkt hast, ist es wichtig dich immer noch daran zu erinnern, dass du aus Licht und Liebe bestehst. Noch. Das kann sich schlagartig ändern."

„Bis du denn mit dem Text und der Qualität der Audioaufnahmen der Friedensmeditation zufrieden und einverstanden?"

„Nun, ich bin damit einverstanden, dass du sie zunächst so ins Netz stellst, danach solltest du aber schon an einer Verbesserung der Qualität arbeiten. Den Text könnte man auch noch

ein wenig verbessern. Aber insbesondere die Aufnahmequalität solltest du noch überarbeiten."

„Also, wenn ich dich richtig verstehe, dann sagst du, dass ich so üben soll, wie ich es eben gerade geplant habe?"

„Jup, mache das, aber mach's auch."

Nun, das will er auf alle Fälle tun. Es wird eine kurze Eingewöhnungszeit brauchen, aber dann wird sich das einspielen und sein Tag wird noch mehr dem göttlichen gewidmet sein, als das bisher schon der Fall ist. Darauf freut er sich. Das Ziel muss jetzt endlich erreicht werden. Es ist für ihn kaum noch auszuhalten, zu wissen dass er ein Meister ist und trotzdem noch Begrenzungen zu erleben.

19. September 2015
(07:05)
Leider muss er die Hsin Tao Übungen aussetzen, denn diese führen zu einer erhöhten sexuellen Lust, die er momentan überhaupt nicht gebrauchen kann. Dies heißt nicht, dass Sexualität grundsätzlich nicht willkommen wäre, sondern lediglich, dass er der Meinung ist, dass er die Energien nun zum Aufstieg gut gebrauchen kann und er somit diese nicht verschleudern will.

Nun, noch hat er die neue Übungsphase nicht so richtig im Griff und die verschiedenen Werkzeuge noch nicht hergestellt. Aber er arbeitet daran und wird wahrscheinlich heute damit beginnen.
Hm, aktuell weiß er nichts zu schreiben. Alles scheint klar und muss jetzt nur noch umgesetzt werden. Dies

bezieht sich auf die beiden neuen Übungen. Zusätzlich dazu will er weiter daran arbeiten, das Buch von Grigori Grabovoi abzuschreiben und somit die Methode entwickeln mit der er Tote erwecken wird.

Auch nix Neues, gell?

„Achso, ich habe beinahe vergessen dich zu fragen, was ich tun kann, um mich deutlich und nachhaltig mit dir zu vereinigen?"

„Nun, die ersten Schritte hast du ja bereits getan und hast ja auch wieder angefangen diese zu üben. Schneller und besser kannst du es tun, wenn du dich auch im Laufe des Tages daran erinnerst und versuchst mich zu spüren. Mehr kannst du im Moment diesbezüglich nicht tun."

„Danke, das will ich versuchen und freue mich sehr darauf, wenn du die Führung für diesen Körper und alle seine Erlebnisse und Ereignisse und Fähigkeiten und Aufgaben übernehmen wirst.

Oder besser noch: Vielen herzlichen Dank dafür, dass du nun mein Leben bestimmst!"

„Gerne, wir gehören doch zusammen und ich liebe dich doch so sehr!"

Upps, damit hatte er jetzt nicht gerechnet. Die letzte Aussage seines höheren Selbst hat ihm die Tränen in die Augen getrieben. Das erfreut ihn natürlich besonders, denn es zeigt ihm, dass der Kontakt real stattfindet!

20. September 2015
(07:41)
Heute Nacht hat er sexuelle Träume gehabt, die ihn völlig verwirrt haben. Er versteht nicht wieso auf einmal wieder sexuelle Gedanken auftauche und sogar Träume sich breitmachen.

„Kannst du mir sagen, wieso das ist und welche Bedeutung Sexualität aktuell für mich hat, oder haben sollte?"

„Ganz einfach. Sexualität ist eine Schöpferkraft, die normalerweise zur Erschaffung eines neuen Lebewesens dient. Auch wenn dies nicht beabsichtigt wird, motivieren sexuelle Ideen dich und dein Verhalten. Denke daran, wie du drauf bist, wenn du dich verliebt hast. Sexualität ist also eine große Kraft.

Diese Kraft ist auch für andere Ziele einsetzbar. Du könntest deine Erleuchtung dieser Kraft anvertrauen und könntest sie in dir behalten und in dein Scheitelchakra leiten. Damit würdest du den Weg frei machen für die höheren Energien, die dann in dich einströmen und dich erwecken. Von mir aus kannst du es auch erleuchten nennen.

Ganz einfach, oder? Aber – keine Angst – die Erleuchtung wird nicht lange auf sich warten lassen und dann kannst du ja die sexuelle Kraft wieder für anderes gebrauchen, zum Beispiel für deine Ziele das heißt für die Aufgabe, die du dir mit hierher auf die Erde gebracht hast.

Haha. Ja klar, Poppen kannst du dann auch wieder. Haha."

„Danke, so ungefähr habe ich mir deine Antwort vorgestellt. Ich soll also die Energie in mein Scheitelchakra leiten. Aha, und wie mache ich das?"

„Indem du es einfach geschehen lässt. Die Kraft also nicht aus deinem Körper hinaus lässt. Wenn du dann „Lust" bekommst, könntest du zu dir selbst sagen: ‚All meine Sehnsucht bist du meine Vater' und dir dabei vorstellen, wie die Kraft in deiner Wirbelsäule nach oben steigt und deinen Kanal reinigt und öffnet und auch erweitert, so, dass die göttliche Energie in dich einfließen kann.

Findest du das schwierig?"

„Nö, das eigentlich nicht. Nur leider fällt es mir zu den sexuellen Gefühlen nie ein. Da habe ich andere Vorstellungen. Aber ich kann verstehen wie du das meinst und werde es auch sehr gerne anwenden."

„Na dann, viel Spaß dabei – haha."

Ob er diesen dabei hat, ist für ihn noch nicht geklärt. Eigentlich würde es ihm, so fühlt er momentan, mehr Spaß machen seine sexuellen Gefühle auch als solche auszuleben.

Allerdings ist ihm schon sehr, sehr lange aufgefallen, dass man mit dieser Kraft Ereignisse anziehen kann, nicht zuletzt die amourösen.

Also dann, mal sehen, ob er unter diesen Gesichtspunkten überhaupt noch zu derlei Gefühlen fähig ist, oder ob ihn die Aussicht auf meditatives Ausleben ihn nicht schon gleich zu Anfang wieder ‚abtörnt'.

21. September 2015
(08:14)
Gestern Abend ist er in eine schwere Depression verfallen und es ist ein kleines Wunder, dass er heute Morgen seine Übungen gemacht hat. Aber das geschieht wohl mehr aus einer Art Trotz.

Anscheinend ist es durch das blöde Fernsehen geschehen. Er versteht nicht, wie er trotzdem immer wieder dort landet. Warum ist es so schwierig nicht Fernsehen zu sehen?

Wie auch immer, seine Geduld neigt sich so langsam zum Ende. Jetzt muss bald die Veränderung geschehen. Er macht wirklich was er kann und wenn das nicht reicht, dann soll man ihn aus dem Spiel nehmen. Er hat keine Lust weiterhin hier herumzukrebsen!

Wenn es auf dieser Welt nichts mehr gibt, dass ihm Vergnügen und Freude bereitet, dann ist es wohl Zeit diese Welt zu verlassen und sich andere Welten zu suchen…

Er wird den restlichen September noch durchhalten, weil es ja in dieser Zeit besonders schwierig sein soll. Das lässt darauf hoffen, dass sich danach alles ändert. Und genau das ist seine letzte Chance.

22. September 2015
(08:03)
Heute geht es ihm wieder besser und seine Übungen waren auch einigermaßen. Er ist leider oft abgeschweift, was aber durchaus einen Sinn haben könnte. Er ‚musste'

darüber nachdenken, wie er am Besten mit den russischen Heilern zusammenarbeiten könnte. Die Idee dabei ist, dass er seine eigenen Ideen dort anbieten möchte. Kostenloses Visio Nova Coaching. Selbstverständlich mit einer Spende an den Verein verbunden.

So, was hat das mit Aufstieg zu tun? Auf den ersten Blick nichts, auf den zweiten könnte man erkennen, dass die Suche danach, wie er einen Nutzen für die Allgemeinheit erzielen kann, schon wichtig ist und mit Sicherheit seinen Aufstieg verstärken kann. Sofern er einen Nutzen findet.

Nun, die Allianz der Liebe und des Friedens ist bereits ein Ansatz, vielleicht kann er dem Heiler ebenfalls einen Nutzen bringen.

Einen Versuch ist es auf jeden Fall wert!

In diesem Sinn – weitermachen.

23. September 2015
(07:57)
Heute ist ihm einiges bewusst geworden. Es hängt mit der Lektüre von Vywamus zusammen, die er gestern mit Julia gemeinsam gelesen hat.

Er wird nun eine dort angeregte Meditation umsetzen, mit dem kosmischen Ton und einer längeren Phase des Meditierens. Vywamus spricht von einigen Stunden, mal sehen, ob er das hinbekommt. Es geht dabei um den Kontakt zur Seele, nämlich den bewussten Kontakt und einen Austausch zwischen Seele und Ego. Dazu sollte man leise Musik hören. Er wird von den Urtönen das kosmische Bewusstsein auswählen um das Eins-Sein zu erleben. Dies verspricht zumindest der Komponist, der ja lediglich die Schwingungen, Frequenzen der Planeten transponiert hat. Kosmisches Bewusstsein bedeutet, dass alle Planeten unseres Sonnensystems gleichzeitig, gemeinsam zum Schwingen gebracht wurden.

„Dann, liebe Seele, werde ich bei dir auftauchen und hoffentlich ein bewusstes Gespräch mit dir führen können. Ich freue mich darauf!"

Tja, und dann hat er heute Morgen eine CD gefunden mit einem Programm zum bearbeiten von Audios. Er weiß nicht wo es herkommt. Es lag auf einmal auf seinem Computertisch, den er merkwürdigerweise plötzlich aufräumen wollte – und da lag das Programm. Er kann sich nicht daran erinnern, dass er dies gekauft haben soll oder zu welchem Gerät es vielleicht mitgeliefert worden ist. Das hört sich für ihn gut an und er ist sehr gespannt darauf, wie dieses Programm funktioniert und ob es eine Erweiterung für seine Audio Arbeiten darstellt.

Na dann ist er ja für neue Impulse alles bereit. Er muss es nur noch umsetzen, zunächst technisch und dann hinein in die Meditationen, die Vywamus uns gegeben hat.

24. September 2015
(08:25)
Gestern hat er sehr viel Gartenarbeit geleistet und ist heute ziemlich erschöpft. Dies ist körperlich eigentlich relativ angenehm, allerdings ist er aber auch dadurch sehr schwerfällig.

Nun, die Lektüre von Vywamus inspiriert ihn sehr und er sieht auch einige Meditationen, die er mit Hilfe der Audiobearbeitung für sich selbst nutzen kann. Zunächst auf diese Weise, bis er ein Gefühl dafür bekommen hat und dann ohne akustische Führung. Falls das dann noch nötig sein sollte, denn eigentlich will er JETZT den Durchbruch erreichen. Nee, auch falsch – er ist JETZT erleuchtet und voller LIEBE für die ganze Menschheit und alle Geschöpfe GOTTES.

Die Zeit – hier scheint ihm im Moment sein Problem zu liegen. Er hat alles was er braucht um aufzusteigen, dennoch scheint alles in der Zukunft zu liegen.

„Wie kann ich die Erlösung in die Gegenwart, in das JETZT bekommen?"

„Indem du nicht so lange überlegst und einfach voraussetzt, dass jetzt alles gegeben ist."

„Intellektuell verstehe ich das, aber praktisch weiß ich nicht wie ich das umsetzen soll.

Wie soll ich konkret vorgehen, wenn ich meinen Freund, den verstorbenen Berti, wieder erwecken und zurück in das stoffliche Leben holen soll? Wie soll ich vorgehen, wenn ich viel Geld benötige um den Weltfrieden auszulösen?"

„Tue es einfach. Ich weiß, dass ist dein Problem, aber du solltest zunächst wissen, wie es tatsächlich ist. Du kannst es jetzt und hier und es gibt nichts, was dich daran hindern kann. Außer- du selbst! Das ist zunächst einmal die Wahrheit.

Wieso hinderst du dich also, das wäre die Frage, die sich mir stellt? Weil du denkst, dass du es nicht oder noch nicht kannst.

Und da liegt jetzt wirklich ein Problem. Einfach zu behaupten, dass du es kannst, hilft ganz offensichtlich nicht.

Aber wie dann und wo liegt eigentlich das Problem?

Hier möchte ich dich jetzt auf die Meditation von Vywamus hinweisen. Wenn du Kontakt zu deinem Unterbewusstsein erhältst, dann kannst du von dort die Antwort erhalten, denn in diesem Bereich liegt die Blockade. Unbewusst glaubst du, dass du so etwas nicht kannst oder nicht tun darfst. Dein Unterbewusstsein kann dir die Frage genauer beantworten und du solltest unbedingt üben mit ihm in Kontakt zu kommen."

„Hm, das leuchtet mir ein, allerdings sehe ich dass es eine Menge Zeit benötigt, um diesen Kontakt zweifelsfrei herstellen zu können."

„Erstens sind das wieder deine Gedanken, die diesen Schritt schwer machen und zweitens würde ja ein einziger Kontakt, der zweifelsfrei dich auf das Problem und seine Lösung hinweist, genügen."

„Das stimmt natürlich. Also werde ich daran arbeiten und so vorgehen. Ich danke dir, mein geliebtes Höheres Selbst!"

Nun, anscheinend haben ihm die Antworten gereicht, um die weiteren Schritte motiviert gehen zu können. Er spürt, seit er sich mit der Lektüre von Vywamus beschäftig, deutlich dessen Anwesenheit. Diese fühlt sich ganz anders an, als die von Meister Saint Germain. Dieser scheint ‚Vatergefühle' für ihn zu entwickeln und diese nimmt er äußerst gerne an. Die Anwesenheit von Vywamus fühlt sich dagegen mehr an, wie die eines Therapeuten. Auch das nimmt er gerne an.

„Danke an Euch alle, die Ihr mir zur Seite steht und mich unterstützt!"

25. September 2015
(08:27)
Heute Morgen ist er in keiner guten Verfassung. Er hat das Gefühl, dass er wieder zugenommen hat. Das ist für ihn äußerst unangenehm. War er doch so froh, abgenommen zu haben. Gut, er ist immer noch einigermaßen schlank – haha – allerdings hat er wohl das eine oder andere Gramm zugenommen.

Uff, es scheint ihm alles so schwer zu sein – aha – da liegt also der Hase begraben. Er empfindet das Leben und das Tun als schwer. Kein Wunder, dass ihm das sein Körper widerspiegelt.

Jetzt stellt sich natürlich die Frage: ‚Wie kann er das ändern, wie kann er es schaffen, dass er das Leben als leicht empfindet?'

Alles was ihm dazu und überhaupt im Moment einfällt ist, weitermachen, durchhalten.

26. September 2015
(08:37)
Heute Morgen sind ihm zwei wichtige Sachen mitgeteilt worden.
1. In der Musik gibt es ja die Möglichkeit ein Stück in z.B. c-Dur zu spielen, oder f-Dur. Dies entspricht dem Einserschlüssel der Quabbalah nach Franz Bardon. Dies ist die Grundlage eines Musikstückes. Wenn ein Musik-

stück diese Grundlage verlässt, wird ein weiterer Schlüssel aktiv.

Innerhalb dieses Schlüssels gibt es nun bestimmte Buchstaben, die dieser Grundlage analog sind. Diese Buchstaben zu spielen, würde bedeuten, quabbalistisch ihre Bedeutung ins Leben zu holen! Dabei sollte natürlich ihre Reihenfolge beachtet werden; es müssen aber keine Wörter entstehen, es dürfen aber Wörter sein, denn dann können sie besser erinnert werden. Auch ist es hier möglich sie nach einer harmonischen Klangfolge aneinander zu Reihen.

2. Wurde ihm klar vor Augen geführt, wie wichtig es ist Schweigen über alles dies zu bewahren. Wissen, Wagen, Wollen, SCHWEIGEN sind die vier Grundpfeiler des Tempel Salomons.

„Ja, und dann wollte ich noch fragen, wie das gehen soll. Wie soll ich es machen, zu behaupten ‚Ich habe Millionen Euro', und dabei aktuell nur z.B. 10 Euro auf dem Konto? Wie geht das – wie kann dieser anfängliche Widerspruch verändert oder besser, überwunden werden?"

„Diese Frage ist so grundlegend, dass sie nicht erklärt werden kann. Das kann man nur tun, nicht erklären. Das ist wie bei deinen psychedelischen Erfahrungen. Alles was du darüber sagst stimmt, trotzdem ist dann alles ganz anders."

„Dann sage mir doch bitte, was man sagen kann, damit ich wenigsten ungefähr weiß wo es lang geht. Im Moment bin ich absolut hilflos bei diesem Thema."

„Naja, das hat mit Wissen, Wagen, Wollen, Schweigen zu tun. Zuerst musst du sicherstellen, dass du es niemandem – auch nicht deiner Partnerin oder deinen Töchtern – erzählst. Also 1.SCHWEIGEN. Dann musst du es unbedingt 2. WOLLEN. Dann solltest du 3.WISSEN wie es geht und dann sollst du es 4. WAGEN.

Auch das ist der Viererschlüssel. Bei dir scheint mir der Hund beim Schweigen begraben zu liegen. Du redest zuviel und verrätst deine Vorhaben. Also, wenn du sicherstellen kannst, dass du niemandem etwas erzählst, dann kommst du der Erfüllung schon sehr, sehr nahe. Das Wissen, wie es geht, ist eine Kleinigkeit, denn diese Erklärungen sind ja bereits Teil dessen. Der Rest ist Konzentration und dein unbedingtes Wollen, aber diesen Punkt erfüllst du eindeutig am Besten. Haha. Achso, Angst solltest du natürlich auch keine haben. Aber du musst ja auch nicht gleich eine Immobilie erwerben. Kauf dir doch erstmal ein Eis. Haha. Klein anfangen wäre hier die Devise."

„OK, dann darf ich also niemandem etwas erzählen. Auch meine Partnerin nicht darum bitten, dass sie mir hilft nicht darüber zu sprechen, denn damit hätte ich diese Steuerung bereits zunichte gemacht.

Also, wenn ich, um des besseren Verstehens willen meine Erkenntnisse aussprechen möchte, dann nur in meine Tagebuch und dann musst ich noch sicherstellen, dass niemand anderes es zu lesen bekommt."

„So iss es, junger Mann –haha–und soo neu– haha!"

„Danke, das genügt. Mal sehen, wie ich das umsetzen kann. Also, danke!"

Nun muss er sehen, was er damit anfangen kann.

28. September 2015
(08:50)
Gestern hat er das Gefühl gehabt, dass er sich mit dem Meister Vywamus unterhält, dass dieser ihn zu seiner Übungszeit besucht hat und mit ihm eine Verabredung für gestern Abend getroffen hat.

Er hat gestern seinen ganzen Meditationsraum aufgrund dessen, den ganzen Tag über, verändert, umgeräumt und erweitert.

Leider war dann zur verabredeten Stunde Vywamus nicht zu spüren, oder vielleicht doch, denn er hatte Angst zu erschrecken. Eine heftige Angst, die schon so gedeutet werden könnte, dass der Meister anwesend war. Allerdings konnte er sich auch wieder beruhigen und war der Meinung, für einen bewussten Kontakt stark genug gewesen zu sein.

Der Meister hat das wohl anders gesehen, denn es kam kein Kontakt zustande. Nun ist er unsicher, ob der Termin überhaupt gestern gewesen sein soll, denn ursprünglich war die Verabredung im Zusammenhang mit dem Mond und dessen besonderer aktuellen Stellung im Zusammenhang. Das wäre dann aber erst heute Abend – oder besser, am späten Nachmittag.

Achso, dann ist ihm noch einiges eingefallen:

1. Die Übungen haben einen Zusammenhang erhalten. Das Ganze ist nun die Manifestation der **Allianz der Liebe und des Friedens.**

2. Er sagt nun zu der Zahlenreihe folgenden Text:
Es werde
Eins – Gott ruht in sich.
Zwei - Um sich besser wahrzunehmen erschafft er die Illusion, dass es ein Außerhalb von ihm gäbe. Da die Illusion so gut wurde, dass er sich damit identifizierte, versucht er die Einheit wieder herzustellen, indem er
Drei – die beiden Pole, das weibliche und das männliche verbindet, was zur Folge hat, dass eine Kettenreaktion ausgelöst wurde und statt der Einheit nun die Vielheit erschaffen ist. Da fällt ihm wieder ein, dass
Sieben – die bedingungslose Liebe der Schlüssel zur Rückkehr in die Einheit ist. Und tatsächlich wird er zurück in
Null – das Unbeschreibliche und Unaussprechliche, in die göttliche Quelle zurück katapultiert. Dort entschließt er sich aus Barmherzigkeit die
Sieben – die bedingungslose Liebe als Idee in die Illusion einzupflanzen. Diese manifestiert er durch die
Vier – in der emotionalen, astralen Ebene der Welt und dann
Vier – in der grobstofflichen Welt.
So sei es!
Es ist vollbracht!
AMEN

3. Hat er nun die Übung eingeführt, dass er die Zahlen, die er ausgesucht hat für die Allianz der Liebe und des Friedens, 10 Minuten lang in die ‚ganze Welt' sendet.

29. September 2015
(08:31)
Heute Morgen sieht alles mal wieder anders aus. Blöderweise hat er gestern den ‚Blutmond' verpasst, obwohl er extra deshalb die halbe Nacht wach war. Aber leider hat er sich dahingehend getäuscht, dass er dachte, das Phänomen wäre beim Mondaufgang sichtbar und nicht beim Untergang. Somit lag er mal knapp einen halben Tag am Thema vorbei.

Na, was soll's? Wird schon richtig sein, dass er den Mond nicht gesehen hat. Trotzdem ist er so merkwürdig drauf. Vielleicht liegt es an dem bevorstehenden Anruf bei den Freunden in München. Das ist insofern für ihn aufregend, weil er sehr wahrscheinlich eine Entscheidung treffen muss, die er noch nicht treffen will. Mal sehen, wie sich das entwickelt…

„Hm, wahrscheinlich will der Mann mir absagen?" Das wäre auch nicht schlimm. Eine Zusage wäre anstrengender, denn dann muss er seine üblichen Wege verlassen und sich wieder in die materiellen Aufgaben begeben, was er eigentlich nur noch im Auftrag von Visio Nova e.V. machen will. Und Geld will er dafür auch haben…

30. September 2015
(08:39)
Nun, die Entscheidung ist getroffen. Er wird sich dort nicht einbringen. Die Ziele der Gruppe ist, unter anderem, ein Netzwerk zur Verbreitung der Lehren.

Sein Netzwerk ist die Allianz der Liebe und des Friedens. Und andere daraus resultierende Projekte und Ziele. Nun muss er dies nur noch den lieben Menschen aus München schonend beibringen.

Aber, das ist kein Problem.

Erneut sieht er sich jetzt dabei Visio Nova richtig aufzubauen. Er wird die GLS ansprechen.

„Mal sehen, ob ich dort ein offenes Ohr finde!"

Nun, das wäre natürlich hervorragend. Die 5 TEU, die er schon einmal kalkuliert hat, sollten für den Anfang reichen. UND – Selbstversorgung ist ein lohnendes Projekt! Das ist es unbedingt wert, umgesetzt zu werden!

Na dann steht ja fest wie er weitergehen wird
 - zumindest vorübergehend.

1. Oktober 2015
(07:21)
Heute Morgen ist er in einer ganz guten Verfassung. Ihm fallen die verschiedensten Ideen ein. Nichts besonderes, aber er kann daran erkennen, erahnen wie es mit ihm weitergehen wird.

Insbesondere die Kommunikation mit Vywamus wird er noch wesentlich verbessern müssen –aber- es ist keine Frage, dass ein solcher Kontakt bereits besteht.

Das bedeutet auch, dass er die Übungen von Vywamus machen muss. Egal ob als geführte oder spontane Meditation – Hauptsache machen. Das wird soviel verändern, dass er alles unter ganz neuen Aspekten sehen kann. Ein Schleier könnte ihm genommen werden und er wird klarer sehen können.

Er sollte auch überlegen, ob er auch mit Vywamus ein Buch schreiben sollte. Momentan traut er sich das aber noch nicht zu. Dazu ist der Kontakt noch zu fein, noch nicht greifbar genug. Er zweifelt noch zu oft. Genau deshalb soll er ja unbedingt die Meditation für das wiederhergestellte Gottvertrauen üben. Gottvertrauen und Selbstvertrauen wird seine GANZE WELT verändern.

„Naja, hoffentlich. Ich habe schon soo oft gedacht, dass sich alles verändert – naja – es hat sich ja auch schon sehr viel verändert, das will ich gerne zugeben. Ja, ich freue mich auf diese Meditation und danke Vywamus ganz herzlich dafür!"

„Ich soll dir von ihm sagen, dass es ihn freut, wenn du damit etwas anfangen kannst. Er wünscht dir viel Erfolg!"

„Oh, danke. Meine herzlichsten Grüße zurück und ich will sehen, dass ich mir heute Abend schon die Meditation zum ersten Mal anhören kann."

Solche Kontakte hat er in letzter Zeit öfters und es ist eindeutig Vywamus. Leider kann er aber immer noch nicht hundertprozentig frei sein von dem Gedanken, dass er sich das alles auch nur einbilden könnte. Aber dazu ist ja wohl die Meditation.

Na dann hat er ja alles was er braucht um einen Quantensprung seiner Entwicklung auszulösen.

2. Oktober 2015
Heute Morgen hat er seine Meditationen gemacht und das Gefühl bekommen, dass dies ein Buch wird, das er von Vywamus diktiert bekommt. Aber, das muss sich erst noch herausstellen.

Leider ist er gestern auf Schwierigkeiten mit den Aufnahmen gestoßen, sodass er erst heute die Meditationsübung fertig stellen wird. Er freut sich sehr darauf sie zum ersten Mal zu hören. Eine sehr vielversprechende Meditation.

Sonst scheint es heute Morgen nichts Interessantes zu geben. Er wird heute das abschließende Gespräch mit dem lieben Menschen aus München führen. Das wird ihn auch wieder ein Stück befreien. War doch sein ‚Auftrag' die ganze Zeit über ein Punkt, über den er immer wieder nachdenken musste.

Befreiung – das ist die Lösung – Entlastung!

Das betrifft auch die Internetarbeit. Weitermachen ist schon angesagt, allerdings ohne Druck und nur solange es wenigstens ein wenig Spaß macht. Arbeit muss Spaß machen, sonst stimmt etwas nicht.

3. Oktober 2015
(07:50)
Leider hat die inzwischen aufgenommene Meditation schon wieder Macken, die nicht bleiben können. Das bedeutet die Aufnahme zu wiederholen.

Den lieben Menschen aus München hat er leider telefonisch nicht erreichen können. Dafür hat er ihm eine eMail geschickt und seine Sichtweise genau definiert – also abgesagt.

Obwohl die Meditation akustisch deutliche Mängel aufweist, hat er sie heute Morgen, anstatt seiner üblichen Übungen, zum zweiten Mal meditiert. Phantastisch ist kein Ausdruck.

„Vielen Dank lieber Vywamus!"

Nun, beschreiben kann man das Gefühl nicht, spüren aber umso mehr. Eine große LIEBE besteht zwischen der Lichtgestalt und mir und meiner Seele und Gott. Haha. Phantastisch.

„Mal sehen, ob ich das noch steigern kann und ob ich es auch nachhaltig erleben darf."

Das ist zu hoffen und er freut sich darauf!

4. Oktober 2015
(07:46)
Heute Morgen hat er seine Übungen neu organisiert. Er macht die ‚alten' weiterhin und zusätzlich die Meditation, die Vywamus inspiriert hat.

Nun, sonst gibt es aktuell keine Neuigkeiten. Die Vywamus Meditation macht Spaß und sehr gute Gefühle. Leider gibt es immer noch bei der Aufnahme Problem, die wird er aber heute leicht beseitigen können.

Auch ist ihm heute Morgen eingefallen wie er die Friedens Meditation neu aufnehmen kann. Neuer Text, weniger Schnickschnack. Es soll für jeden möglich sein diese Meditation zu machen.

5. Oktober 2015
(07:55)
„Oh, Mann – das ist aber wieder anstrengend."
Irgendwie kommt er nur noch schwer mit diesen Schwankungen zurecht. Er kann sich aktuell kaum vorstellen wie es weitergehen soll. Dann auch die Zweifel an

Vywamus. Er kann sich nicht vorstellen, dass es außerhalb der Dualität, also in der Einheit Gegensätze gibt. Das erscheint ihm schon alleine aus der Wortbedeutung heraus unmöglich. Aber wieso steht es dann in seinem Buch?

Naja – es ist nicht wirklich wichtig, denn die Meditationen sind hervorragend und es geht ja nur darum weiterzukommen. Allerdings sollte er doch aufpassen, was er zulässt und was nicht.

Naja, ansonsten weiterhin nix Neues. Es ist leider recht schwierig momentan mit den Energien umzugehen. Auch spürt er einen gewissen Druck aus München, denn anscheinend hat der Mann dort bisher seine eMail noch nicht erhalten und er weiß noch nicht woran er ist. Na, das wird sich sicherlich heute ändern.

„Alles am Thema vorbei – ich fühle mich Scheiße und weiß nicht warum und auch nicht was ich dagegen tun kann! So, und jetzt?"

6. Oktober 2015
(08:30)
Heute geht es einigermaßen. Er hat wieder Mut gefasst. Gestern musste er feststellen, dass alles nur eine Kopfsache ist. Er dachte die ganzen letzten Tage, dass er wieder zugenommen hat. Dies stimmt nicht. Er hat sein Gewicht, seit er 10 Kilo abgenommen hat, gehalten. Diese Erkenntnis hat ihn wieder nach vorne gebracht.

Außerdem hat er für seine Partnerin Medizin gefunden, die er für sie bereiten wird. Dies wird bestimmt ihren gesundheitlichen Zustand wesentlich verbessern. Darauf freut er sich!

Das war's – mehr ist nicht geschehen.

Bleibt nur noch abzuwarten…

7. Oktober 2015
(08:05)
Heute ist seine Befindlichkeit wieder etwas besser. Er hat gestern Abend erkannt, dass die Ausführungen von Vywamus keineswegs negativ zu verstehen sind. Es war seine eigene verzerrte Wahrnehmung, die ihm diesen Eindruck beschert hatte.

Im Gegenteil, der gestrige Text sprach ihm ganz und gar aus seiner Seele. Dabei und auch danach, als er das Gelesene zusammen fasste, hatte er das Gefühl, dass Vywamus durch ihn spricht. Es war nicht so, wie er sich Channeln vorstellt, sondern mehr wie ein intensives Gespräch, bei dem er die Wahrheiten aussprach, die der Lehrer hören wollte. Also mehr wie in einer Schule, oder so.

Also, mehr fällt ihm im Moment nicht ein. Alles fließt und er weiß nicht was er heute alles erledigen wird. Es gibt eine Menge zu tun. Es wäre schön, wenn er wenigstens einiges davon erlösen könnte.

(15:30)
Heute Nachmittag hat sich ergeben, dass er den Eindruck bekam, mit Meister Vywamus in Kontakt zu sein. Gemeinsam mit ihm hat er dann eine geführte Meditation entwickelt, die hier veröffentlicht sein soll, dabei ist der fett gedruckte Text die Meditation das andere der Dialog der zwischen ihm und Vywamus stattgefunden hat:

„Lieber Meister Vywamus,
haben Sie Lust dazu, mit mir gemeinsam eine Friedensmeditation zu entwickeln? Als geführte Meditation, die ich dann im Internet verbreiten kann. Mit einer möglichst großen Anzahl von Zuhörern – die meditieren während sie zuhören."

„Lieber Herr Will,
die Idee gefällt mir, aber ich bin mir nicht sicher, ob Sie schon in der Lage sind meine Durchgaben zu empfangen. Aber – probieren wir es einfach aus. Also an welche Art Text haben Sie gedacht?"

„Eine Einleitung, die eine tiefe Entspannung und eine Bewusstseinserweiterung induziert. Diesen Text könnte ich erstellen.

Danach dann der Text den Sie als Friedensmeditation entwickeln.

Ich würde dann sehen, dass ich eine eigene ‚Musik' darunter baue und würde dann alles aufnehmen und verbreiten. So ungefähr kann ich mir das vorstellen."

„Gut, wie möchten Sie beginnen?"

„Zuerst möchte ich Sie bitten mich mit DU anzusprechen. Dass ich Sie mit SIE anspreche, hat den Hintergrund, dass ich mich daran erinnern möchte, dass es keineswegs selbstverständlich ist, von der Meisterebene Hilfe zu erhalten. Ich möchte damit, für mich, aber natürlich auch für die Personen mit denen ich in Kontakt komme, zeigen dass ich Respekt vor Ihnen und der Situation habe."

„*So geht es mir auch und wenn es Ihnen recht ist, möchte ich beim SIE bleiben!*"

„Haha, das finde ich lustig. Natürlich gerne, wie Sie es wünschen! Haha!

Mein Textanteil würde so enden, dass ich den Hörer in einem entspannten und erweiterten Bewusstseinszustand übergebe..."

LIEBE FREUNDE – UM EINE MÖGLICHST WIRKUNGSVOLLE MEDITATION ZU PRAKTIZIEREN, IST ES NÖTIG, DASS IHR EUCH ENTSPANNT. EINE TIEFE ENTSPANNUNG IST DIE VORAUSSETZUNG FÜR EINE WIRKSAME MEDITATION...

WENN IHR SELBST EINE TECHNIK BESITZT, WIE IHR EINE SOLCHE ENTSPANNUNG BEI EUCH ERZEUGEN KÖNNT, DANN WENDET DIESE BITTE VOR DEM HÖREN DER MEDITATION AN...

ZUSÄTZLICH WERDET IHR ABER DURCH EURE KONZENTRATION AUF DEN TEXT EINE ENTSPANNUNG ERZEUGEN, DIE AUCH EINEM ANFÄNGER ALS AUSGANGSBASIS AUSREICHEN WIRD...
ICH BITTE DICH, AUF EINER BEQUEMEN LAGERSTATT PLATZ ZU NEHMEN UND DICH HINZULEGEN. WENN DU DAS GEFÜHL HAST, DU LIEGST SEHR BEQUEM, DANN BEGINNE BITTE DAMIT, DEINEN KÖRPER ZU ENTSPANNEN. ATME TIEF EIN UND BRINGE DIR MIT JEDEM ATEMZUG MEHR UND MEHR ENTSPANNUNG UND INNERE RUHE.

NUN ERINNERE DICH, LIEBE SEELE, DASS DU AUS LICHT BESTEHST. DEINE BEINE SIND AUS LICHT – VON DEN FÜSSEN BIS ZU DEN HÜFTEN BESTEHEN DEINE BEINE AUS LICHT.

Deine Arme sind aus Licht – von den Händen bis zu den Schultern sind deine Arme aus Licht.
Dein Rumpf ist aus Licht – von der Hüfte bis zum Hals besteht dein Rumpf aus Licht.

Alle deine Chakren sind aus Licht – sie sind aktiv und arbeiten optimal.
Alle deine Drüsen sind aus Licht – sie sind aktiv und arbeiten optimal.

Dein Gehirn ist aus Licht – es arbeitet optimal – vielleicht kannst du es im Schädel spüren?
Deine Organe sind durch und durch aus Licht – alle Organe sind durchleuchtet.
Deine Sinnesorgane sind aus Licht – alle, die Augen, die Nase, die Ohren, der Mund, die Lippen und die Zunge, sind aus Licht.

Alles, deine Haut, deine Haare, deine Knochen, deine Muskeln, deine Sehnen, deine Nägel, deine Zähne – alles – dein ganzer Körper ist durch und durch aus Licht.

Licht und Liebe ist Leben und durch jeden Atemzug bist du mit dem Leben, also mit der Liebe und dem Licht verbunden.

Du bist tief entspannt und das Tor zu deinem Unterbewusstsein ist weit geöffnet.
Du bist tief entspannt und das Tor zu deinem Unterbewusstsein ist weit geöffnet.
Du bist tief entspannt und das Tor zu deinem Unterbewusstsein ist weit geöffnet.

Das ist aber eine angenehme Erfahrung… Wir sind aus Licht und dieses Wissen macht uns ein angenehmes Gefühl des Wohlbehagens.

Nachdem wir alle die Lichter angeschaltet haben, leuchtet unser Körper auf wunderbare Weise. Ein weiches, sanftes Licht verbreitet unser Körper…

Dabei fühlten wir uns einfach unheimlich wohl. Das Licht macht uns so warme Gefühle. In unserem Körper hat sich inzwischen ein warmes, angenehmes Gefühl des Wohlbehagens breitgemacht. Es geht uns hervorragend. Nun, da wir gereinigt sind und unser Bewusstsein erweitert ist, wollen wir weiter gehen…

Am Ende des Waldes öffnet sich unser Blick und wir stehen vor einer Wiese. Einer grossen Wiese…

- Voller Blumen, wunderschöner Blumen – in allen Farben, in leuchtenden Farben…

- Wir riechen an einer dieser Blumen – riecht sie süss oder wie riecht sie?

- Wir ziehen unsere Schuhe aus – wie fühlt sich wohl die Wiese an? An unseren nackten Füssen?

- War das eben ein Kuckuck, oder was war das gerade für ein Vogel? Man konnte den Wind spüren, den sein Flügelschlag verursacht hatte.

- Da entdecken wir einige wilde Erdbeeren – du pflückst eine davon – welch ein Geschmack – du verspeist genussvoll die wenigen Erdbeeren, die sich hierher verirrt haben…

…

Am Ende der Wiese, Wasser auf dem Schwäne dahingleiten. Dahin zu gleiten, dahin zu gleiten wie ein weisser Vogel auf dem Wasser. Auf einem grossen Strom von Leben, einem breiten, glatten, lautlosen Strom, der so still dahinfliesst, so still, so still, dass man fast meinen könnte, er schlafe. Ein schlafender Strom. Und doch fliesst er unwiderstehlich dahin.

Leben, dass still und unwiderstehlich dahin fliesst in immer erfüllteres höheres Leben, in einen lebendigen Frieden, der umso tiefer ist, umso reicher und kraftvoller und vollständiger, weil er all unser Leid und unseren Schmerz kennt, all das kennt, und es sich einverleibt, es eins macht mit dem eigenen Wesen. Und jener Friede ist es, in den du jetzt hineingleitest, der schläft und doch unwiderstehlich ist, der unwiderstehliche ist, eben weil der schläft. Und auch du gleitest mit ihm dahin.

Nur so dahingleiten. Überhaupt nichts tun. Einfach sich entspannen, sich dahintreiben lassen, sich nur wünschen, dass dieser schlafende Strom des Lebens einen mit sich trage, dorthin, wohin er fliesst – und die ganze Zeit weiss man, dass, wo er hinfliesst, man auch selber hin will, hin muss: in lebendigeres Leben, in lebendigen Frieden. Entlang

MIT DEM SCHLAFENDEN STROM, UNWIDERSTEHLICH, HINEIN IN DIE GANZHEIT DER VERSÖHNUNG...

DU BIST TIEF ENTSPANNT UND DAS TOR ZU DEINEM UNTERBEWUSSTSEIN IST WEIT GEÖFFNET...
DU BIST TIEF ENTSPANNT UND DAS TOR ZU DEINEM UNTERBEWUSSTSEIN IST WEIT GEÖFFNET...
DU BIST TIEF ENTSPANNT UND DAS TOR ZU DEINEM UNTERBEWUSSTSEIN IST WEIT GEÖFFNET...

DU NIMMST JETZT DEN RAUM WAR, DEN DEIN KÖRPER EINNIMMT...
SPÜRST DIE UNTERLAGE AUF DER ER SICH BEFINDET...
JETZT KANNST DU EIN STÜCK WEITERGEHEN UND DEN RAUM SEHEN, IN DEM DU DICH BEFINDEST...
VON DER DECKE AUS KANNST DU DEINEN KÖRPER WAHRNEHMEN...
DANN SIEHST DU DAS HAUS IN WELCHEM DU DICH BEFINDEST...
JETZT GEHST DU NOCH WEITER – DU SIEHST DAS HAUS... UND DANN DIE ORTSCHAFT...
DU KANNST DABEI DAS GEFÜHL HABEN IMMER GRÖSSER ZU WERDEN...
DANN SIEHST DU DEIN BUNDESLAND...
BERGE... UND TÄLER... UND WIESEN... UND FLÜSSE... UND HÄUSER... UND STRASSEN...

...
JETZT ERKENNST DU DEUTLICH DIE OZEANE...
UND DU STEIGST NOCH HÖHER... SIEHST DIE ERDE... ALS KUGEL...
DU BEFINDEST DICH IM UNIVERSUM UND BETRACHTEST DIE ERDE VON DORT AUS...
DU KANNST ES DEUTLICH ERKENNEN...
SIEHST DEN MOND...

DIE ANDEREN PLANETEN...
DIE SONNE...
VERWEILE EIN WENIG IN DIESER BETRACHTUNG...
ES ERGIBT SICH DARAUS EINE GANZE ANDERE SICHTWEISE...
...

„dann lassen Sie uns mal sehen, wie das weitergehen könnte:

... WENN DU NUN, MEINE SEELE, SCHON IN DIESEM UNIVERSELLEN BEWUSSTSEINSZUSTAND VERHARREN MÖCHTEST, DANN KÖNNTEST DU DIR JETZT VORSTELLEN, WIE DIE ERDE WIEDER VOR DEINEM INNEREN AUGE ERSCHEINT...
DU KÖNNTEST UNGEFÄHR DIE KONTINENTE ERKENNEN, DIE MEERE – INSELN...
DU KÖNNTEST DICH EIN WENIGE NÄHER HERANZOOMEN...
DU KÖNNTEST LÄNDER UND MENSCHEN ERKENNEN...
ÜBERALL AUF DER ERDE...
...
DU ERKENNST DEN AKTUELLEN ZUSTAND DER ERDE...
QUALMWOLKEN, DIE ÜBER DEM PLANETEN SCHWEBEN...
NUN, ICH BRAUCHE DAS NICHT WEITER ZU BESCHREIBEN, DU KENNST DAS JA...

...

STELLE DIR NUN VOR, DASS EINE ART WIND, EIN STURM KOMMT, DER DIESE WOLKEN WEGBLÄST...
DU ERKENNST, DASS DIESER STURM ELEKTROMAGNETISCHE URSACHEN HAT...
DU ERKENNST EINE ART ‚SONNENSTURM' – LICHT VERTREIBT DIE WOLKEN...
DIESES LICHT FLIESST DURCH DICH HINDURCH...

Du atmest es mit jedem Atemzug ein...
Und mit jedem Ausatmen sendest du es auf die Erde...
...
Nun, Licht ist identisch mit Liebe. Licht ist die Kraft und Liebe das Gefühl... Beide zusammen ergeben das Leben...
Du sendest also Licht und Liebe auf die Erde...
Mit jedem Atemzug...
...
Nun kannst du auf der Erde sehen, wie sich die Wolken völlig aufgelöst haben...
Sie haben sich in deiner Liebe aufgelöst...
Deine Liebe verbreitet sich wie eine Kettenreaktion...
Als würdest du sie auf Facebook teilen und teilen und teilen...
Und teilen und teilen und teilen...

Du siehst Menschen, die sich umarmen...
Die auf einmal Vertrauen zueinander haben...
Du siehst, dass Rassen, Religionen, Staaten, Hautfarben keine Unterschiede mehr darstellen...
Alle Welt kooperiert miteinander...
Und rettet den wunderschönen Planeten Erde...
...
Diese Vorstellung solltest du dir öfters machen...
Wenn du unterwegs in der Stadt bist, dann erinnere dich daran...
Stelle dir vor, wie es wäre, wenn du jetzt jemanden umarmen würdest – egal wen – einfach einen anderen Menschen umarmen würdest...
Stelle dir vor, wie dieser sich darüber freuen würde...
Stelle dir vor, wie andere deinem Vorbild folgen würden...

VIELE MENSCHEN SICH UMARMEN UND VOLLER VERTRAUEN ZUEINANDER SIND...

...
NIMM DIESE VORSTELLUNG MIT IN DEIN HIER UND JETZT...
UND DENKE DARAN, WENN DU UNTER FREMDEN MENSCHEN BIST – WIE ES WÄRE EINEN ZU UMARMEN – EINFACH SO – OHNE GRUND – EINFACH AUS DANKBARKEIT ÜBER DAS LEBEN...

DANN KOMME WIEDER ZURÜCK IN DEIN HIER UND JETZT...

ERINNERE DICH AN ALLES WAS DU ERFAHREN HAST... SEI DIR DARÜBER BEWUSST, DASS DIES VON DIR EIN SEHR KRÄFTIGER BEITRAG FÜR DIE RETTUNG DER ERDE IST, WENN DU DIESE MEDITATION MACHST...

DU BIST NUN WIEDER HIER UND KANNST NOCH EIN WENIG DARÜBER NACHDENKEN...
WIRST DU JE DEN MUT AUFBRINGEN, EINFACH JEMANDEN ZU UMARMEN?...

VERWEILE NOCH EINE ZEITLANG IN SOLCHEN GEDANKEN UND DANN GEHE FRISCH AN DEINE ÜBLICHEN TÄTIGKEITEN UND ÜBE SIE BESCHWINGT AUS – DU HAST GERADE EIN ‚GUTES WERK' GETAN...
FREUE DICH DARÜBER, WIE SICH DIE DANKBARE ERDE AUCH DARÜBER FREUT...

IN LIEBE UND EINEM TIEFEN FRIEDEN
WÜNSCHE ICH AUCH DIR EINE FRIEDLICHE WELT
VYWAMUS UND WILL

„Und – könntest du damit etwas anfangen?"

„Also ich finde den Text sehr gut – weiß aber nicht, ob der von Ihnen stammt oder von mir selbst oder ob es eine Mischung aus beidem ist... Können Sie mir dazu etwas sagen?"

"Ist das für Sie relevant? Mir reicht es, dass ein Text entwickelt wurde, der vielversprechend erscheint. Von wem der stammt? Natürlich von Gott, von wem sonst? Haha. Jetzt muss ich lachen, dass Ihr Menschen das immer noch vergessen könnt. Haha."

„Danke für Ihr Verständnis. Ich werde den Text ergänzen, umsetzen und ihn verbreiten. Vielen Dank für Ihre Unterstützung. Wäre es Ihnen möglich, dass Sie dabei mithelfen, dass er sich auch weit verbreitet? Sollte das nicht vielleicht noch in den Text einfließen?"

"Gute Idee. Mal sehen. Ich werde versuchen es oben zu ergänzen... Nun, erledigt."

„Sehr interessant, wie Sie das gelöst haben! Und vielen, vielen Dank für Ihre Hilfe und Unterstützung!
In LIEBE Will"

8. Oktober 2015
(07:48)
Heute Morgen fühlt er sich recht gut, was auch daran liegt, dass er gestern eine Menge erledigt hat. Der Text, den er mit Vywamus gemeinsam entwickelt hat, ist bereits aufgenommen und muss nur noch bearbeitet und vertont werden.

Sonst fällt ihm gerade nichts mehr ein.

9. Oktober 2015
(07:25)
Heute Morgen hat er seine Übungen nicht gemacht. Außer der Vywamus Übung. Diese gelingt meistens recht gut, heute auch. Allerdings, die große Sensation hat er damit bisher nicht erlebt. Aber hier wird ihm sicherlich nur die Ausdauer die Ergebnisse bringen, die er sich wünscht.

Gelesen hat er gestern Abend auch nicht mehr – also alles in allem – nicht gerade sehr fleißig. Es sollen aber auch gestern wieder einige Sonnenstürme stattgefunden haben. Naja, er will sich ja nicht rausreden, aber die erhöhten Energien sind manchmal schon etwas anstrengend.

10. Oktober 2015
(07:38)
Gestern hat er sich völlig verrückt machen lassen, von den ganzen Gerüchten, die er aus dem Internet hat. Dabei stellt sich die Frage, ob es auch wirklich Gerüchte sind. Es geht um die völlige Versklavung der Menschen in Europa. Wahrscheinlich auf der ganzen Welt. Es geht darum, dass wir demnächst statt Ausweise nur noch Chips eingepflanzt bekommen sollen. Das ist so heftig, dass es ihm schwer fällt damit umzugehen. Selbstverständlich wird er sich nie einen Chip einpflanzen lassen. Aber was dann, was bedeutet das dann? Wird er sich auf die Flucht begeben müssen? Das hört sich für ihn schlimmer an als er es je in einem Science Fiktion gesehen hat.

Naja, mal sehen, was ihm der Anwalt sagen wird, dem er Fragen zu dieser Situation gestellt hat. Der sollte es eigentlich wissen, oder?

So, das war's.

11. Oktober 2015
(08:01)
Heute Morgen hat er weitere Ordnung im Ablauf seiner morgendlichen Meditationen einrichten können. Auch war die LICHT Meditation intensiv, allerdings hatte er auch so ein Gefühl von ‚Ladehemmung'; er wollte deutlich mehr Energie, mehr LIEBE spüren, als dann fließen konnte.

Dennoch fühlt er sich wohl und will sehen, dass er einfach die Meditation öfters macht und somit den Liebespegel erhöhen kann.

Naja, dann geht's weiter wie gewohnt.

12. Oktober 2015
(08:03)
Auch heute keine besonderen Vorkommnisse. Allerdings hat er ein kurzes Gespräch mit Vywamus geführt. Er hat ihn gefragt, wieso er sich sooft mit der dunklen Seite befasst. Er hat seinen Standpunkt klar dargelegt, nämlich dass das Dunkle lediglich ein Schatten ist und nur durch diejenigen erzeugt wird, die das LICHT nicht richtig fließen lassen, es blockieren.

Vywamus stimmte ihm zu, gab aber zu bedenken, dass er z.B. gestern Abend recht ungeduldig war und ‚sauer' wurde. Vywamus stellte ihm die Frage woher das wohl gekommen sei. Er, wäre das ja wohl nicht gewesen. Vywamus stellte damit klar, dass die Dunkelheit zwar nur ein Schatten ist, wenn dieser aber eine ungewollte Wirkung hervorruft, man von einer Blockade sprechen muss. Und um diese gehe es Vywamus. Um diese erfolgreich auszumerzen, sei es notwenig sich mit dem Schatten auseinanderzusetzen, seine Mechanik zu erkennen und dann sich für immer von allen Blockaden, also vom Schatten, befreien.

Damit kann er als Erklärung leben. Und -. Genau – abwarten wie es weitergeht.

13. Oktober 2015
(07:18)
Heute Nacht hat er von der Friedensmeditation geträumt, die er zusammen mit Vywamus aufgenommen hat. Dabei ging es andauernd um die Zahlen 40 und 20. Was es genau damit auf sich hatte, weiß er nicht mehr. Aber der Traum fühlte sich insgesamt positiv an. Deshalb ist er überzeugt davon, dass eine Steuerung bereits stattfindet.

Dann hat er die Idee erhalten, dass er für seine morgendlichen Übungen, die verschiedenen Zahlen, die er dabei anwendet, aufzunehmen und während der Meditation, im entsprechenden Zeitablauf, abzuspielen, um ihm die Möglichkeit zu geben sich völlig in den Zahlen aufzulösen. Er konnte dies heute Morgen in der Meditation so sehen. Wie er sich aufgelöst hat.

„Ich möchte jetzt gerne in einen Dialog mit Vywamus, Meister Saint Germain und anderen Meistern kommen. Es geht um den bewussten Dialog, den unzweifelhaften und nachhaltigen Dialog.

ICH BIN jetzt immer, wenn ich es beabsichtige, in einem unzweifelhaften und bewussten Dialog mit dem Meister, den ich in diesem Moment sprechen möchte. So sei es! AMEN"

14. Oktober 2015

(08:14)
Heute Morgen hat er mit einem Videotagebuch begonnen. Er hat dabei eine Menge Informationen über sich von den Meistern Saint Germain und Vywamus erhalten.

Er wird die Texte später hier rein stellen. Momentan ist er nur geschockt, ES SCHNEIT. Hä? Im Oktober? Hä?

17. Oktober 2015

(07:52)
Wie er gerade erschrocken festgestellt hat, hat er nicht nur gestern keine Eintragungen gemacht, sondern auch vorgestern nicht. Achso, vorgestern war er in der Autowerkstatt und nicht in der Lage überhaupt zu meditieren. Gestern hat er schon seine Übungen gemacht, allerdings hat er den PC ausgelassen und dann später kam alles anders als geplant.

„Meine Frage an Dich, Meister Vywamus ist, wie soll ich mich verhalten, wenn jemand eine Hilfe benötigt, z.B. ein Gespräch, ich aber eigentlich keine Zeit dafür habe, weil ich Übungen machen will oder Vorbereitungen treffen will, die Visio Nova voranbringen. Soll ich diese Tätigkeiten unterbrechen und mich dem Stellen, was die Situation erfordert?"

„Das musst ganz alleine du entscheiden und das situationsabhängig – immer dann, wenn du das Gefühl hast helfen zu können, dann helfe. Sobald du aber das Gefühl bekommst, den Klienten zu überfordern, dann solltest du kurzfristig das Ge-

spräch oder was auch, beenden. Zu deinem konkreten Erlebnis gestern, kann ich dir sagen, der rechte Zeitpunkt wäre gewesen, als du bemerkt hast, dass Alkohol im Spiel ist. In einem solchen Moment kannst du nichts mehr oder nur sehr wenig erreichen. Dann geht man."

„Fein, danke. Aber ich brauche mir in einem solchen Moment keine Gedanken darüber zu machen, dass der Meister, also du, auf mich wartest und ich eigentlich meine Übungen weiter zu verfolgen hätte?

„Nein, natürlich nicht. Denn DIENEN ist immer richtig. Sobald du jemandem helfen kannst – tue es!"

Das beruhigt ihn ein wenig, befreit ihn aber nicht davon, dass ihm die Zeit fehlt. Leider war er auch nach dem Gespräch, oder schon vorher als die Dachdecker gegangen waren oder vorgestern als er aus der Autowerkstatt zurück kam, nicht in der Lage, eine geistige Arbeit zu beginnen. Eine mögliche Erklärung dafür hat er gestern durch Vywamus erhalten. So wie er ihn verstanden hat, dann lag es daran, dass er in eine solche Situation ohne die violette Flamme, also ohne Schutz geht. Die violette Flamme hat er in seinem Heimatort gelassen…

Aber das hat er heute Morgen bereits geändert und den persönlichen Schutz bereits aufgebaut.

18. Oktober 2015
(07:46)
Heute waren die Meditationen recht gut, allerdings weiß er nicht genau wie die Meditation mit Vywamus gelaufen ist, denn er scheint eingeschlafen zu sein. Allerdings wi-

derspricht dem, dass er pünktlich zum Ende wieder wach war. Wie auch immer – er hat keine Erinnerung daran. Sonst ist nichts Besonderes zu erzählen.

19. Oktober 2015
(07:25)
Heute Morgen ist nicht viel los mit ihm. Er ist noch sehr müde, obwohl er lange geschlafen hat. Die Vywamus Meditation war gestern sehr interessant. Als Blockade stellte sich der ‚innere Schweinehund' heraus, den er heute Morgen überwunden hat. Immerhin eine Leistung. Dann kam noch heraus, dass er zur Verjüngung konkret vorgehen muss, d.h. er sollte mit den Drüsen anfangen und den ganzen Organismus, die Zellen, beauftragen und in einen Dialog mit ihnen gehen. Mehr kann er aktuell dazu auch nicht sagen.

20. Oktober 2015
(07:49)
Heute Morgen hat Meister Vywamus die ganze Übungsfolge umgestellt. Ihn beschäftigt momentan am meisten die Frage:
„Meister, wie kommt es, dass die aufgenommenen Audios auf YouTube oder auf einer CD sich anders anhören, als ich sie hier am PC höre?"

„Du stimmst noch nicht 100%ig damit überein. Außerdem hast du das Audio schon wieder hochgeladen ohne dich dabei darauf zu konzentrieren. Wenn du dir die gebührende Mühe damit gibst, bedenke, dass du damit einen Weltfrieden auslösen willst, dann wird auch die Qualität stimmen. Auf allen Geräten!"

„Ja, das stimmt – ich erkenne selbst, dass ich das ganze Projekt noch nicht ernst genug nehme. Bisher ist alles, auch Visio Nova e.V., mehr ein Gedankenspiel als ein echtes Projekt. Ja, daran möchte ich arbeiten und es noch wesentlich besser machen. Auch möchte ich noch viel mehr Inspirationen empfangen!"

„Das wird schon. Alles ist gut!"

Darüber freut er sich.

21. Oktober 2015
(07:33)
Heute Morgen hatte er mehrere Ideen und eine sehr gute Meditations- Erfahrung gehabt.

Zuerst die Erfahrung:
Bei der Vywamus Meditation hat er sehr intensiv die LIEBE fühlen können die durch ihn und das LICHT Wesen geflossen ist. Dabei war eine Erinnerung an einen weiblichen Gegenpol mit ausschlaggebend. Es könnte sich um die befreite Julia handeln.

Ideen:
1. die Vywamus Meditation muss als erste Übung gemacht werden, damit eine möglichst tiefe Entspannung stattfinden kann.
2. Eine Zukunftsschau könnte hilfreich für uns sein. Unter dem Gesichtspunkt „...einer von uns ist erleuchtet und wie ändert sich unser LEBEN dadurch? Oder so ähnlich. Vielleicht eine Meditation mit Vywamus? (Julia und Willi sind erleuchtet – wie sieht das konkret aus, was ändert sich und was nicht? Evtl. auch mit Karten.
3. Optimisten für Deutschland – vielleicht geht mit denen etwas?

4. Irgendetwas war da noch – fällt ihm schon wieder ein.

22. Oktober 2015
(07:17)
Gestern ist mal wieder alles zusammengebrochen. Nachdem er mal wieder beschuldigt wurde, konnte er sich nicht mehr halten und wurde sehr aggressiv. Die Aggressionen waren sehr heftig, so wie er sie nie erlebt hat. Allerdings nur sehr kurz und dann war der Spuk vorbei, d.h. die Aggression war weg, was blieb war ein tiefe Müdigkeit.

Nun, diese Müdigkeit steckt ihm noch immer in den Knochen, weshalb er heute Morgen auch nur die Vywamus Meditation geübt hat.

„Ich verstehe nicht, wieso ich immer noch so aggressiv werden kann. Gerade gestern Morgen, mit der wunderbaren Meditations- Erfahrung? Woher kommt das und warum fängt Julia immer wieder damit an, obwohl sie doch längst wissen sollte, dass wir alle selbst für unsere Zustände verantwortlich sind?"

„Schuldzuweisungen sind immer nur schwer zu verarbeiten. Du erlebst das deshalb, weil du absolut darüber stehen musst. Es darf dir nicht passieren, dass du in einer solchen Situation ausflippst. Was Julia angeht, sie hat noch nicht die Kraft sich ihren Anteil an ihrem Befinden anzusehen. Sie braucht noch Zeit um sich selbst ansehen zu können. Aber darüber solltest du dir keine Gedanken machen. Es ist ihr Weg, den sie sich ausgesucht hat. Da hast du nicht reinzureden, auch dann nicht, wenn sie dich beschuldigt."

„Danke, aber wie kann ich nun wieder aufsteigen, wie kann ich es schaffen, dass die totale Leere, die nach einem solchen aggressive Ausbruch bleibt, umzuwandeln in Aufstiegsenergie?"

„Du solltest dich halt weiterhin an das halten, was dir auch vorher wichtig war. Darfst dich nicht davon ‚herausbringen' lassen. Alles ist gut und alles entwickelt sich ganz nach unserem Plan. Ihr seid beide auf dem Weg und werdet auch ankommen. Wann, das wird sich herausstellen. Eins ist dabei sicher: Es wird zur rechten Zeit sein!"

„Dann vielen Dank!"

Das konnte ihn ein wenig beruhigen, allerdings ist das unangenehme Gefühl im Bauch immer noch vorhanden und wie das weggehen soll weiß er nicht. Anscheinend, so denkt er, kann das nur die Zeit für ihn vollziehen.

23. Oktober 2015
(06:47)
Heute hat er wieder nur die ‚Kurzform' der Übungen gemacht, also die Vywamus Meditation. Die LIEBE konnte er auch recht gut spüren, aber richtig rein gekommen ist er nicht. Deshalb versteht er immer besser, warum Vywamus es wünscht, dass er diese Meditation öfters macht.

Er freut sich darauf, nächste Woche eine ‚Großreinigung' bei sich durchzuführen, mit Salzwasserbad und überwiegend Meditation. Allerdings wird er auch noch Gartenarbeit machen, denn da muss er sich nach dem Wetter richten. Und das scheint nächste Woche entsprechend zu sein. Aber das ist durchaus willkommen, denn da kann er sein körperlichen Energien ausleben und sich müde, d.h. ‚reif' machen für Meditationen.

24. Oktober 20115
(07:29)
Heute Morgen hat er wieder ‚nur' die Vywamus Meditation gehört und nur mäßig empfunden. Bis auf die Schlussphase, da wurde ihm klar (mitgeteilt?), dass es nicht auf die optische Vorstellung ankommt, sondern nur auf das Gefühl. Die Vorstellung soll nur dem Gefühl helfen sich zu entwickeln. Alles, was dabei helfen würde, wäre dienlich.

„Was könnte da noch in Frage kommen?"

„Eine Menge, z.B.
- *körperliche Übungen*
- *wie Yoga oder Hsin Tao.*
- *Dann kommen noch Partnerübungen in Frage.*
- *Vielleicht auch in der Gruppe. Übungsgruppe ‚platonische LIEBE', verbunden mit Lachyoga.*
- *Stille Übungen, wie z.B. ZaZen.*
- *Betrachtungen der Natur, spirituelles Wandern.*

Die Kunst bei alledem, wäre es, ein Gefühl für die LIEBE zu entwickeln. Ein Kurs in LIEBE wäre doch auch eine Idee, oder?"

„Das sind alles sehr interessante Ideen, die mich außerordentlich inspirieren. Vielen Dank, Meister Vywamus!"

Diese Ideen gefallen ihm. Er könnte sich relativ leicht vorstellen, solche Kurse zu organisieren, evtl. auch bei seinem Ex-Coach. Cool, darüber muss er genauer nachdenken. Das könnte auch seine finanzielle Lage erheblich verbessern. Die ‚großen' Ideen muss er natürlich selbstverständlich weiterverfolgen, aber dezenter und weniger egozentrisch.

„Die richtigen Ideen sind Gottesideen. Somit ist derjenige, der sie ausführt, eine Diener oder wenn es dir besser gefällt, ein Mitarbeiter Gottes."

„Mal sehen, was ich daraus entwickeln kann. Nochmals, ganz herzlichen Dank für das öffnen eines so interessanten Betätigungsfeldes!"

Vielleicht sollte er die ‚großen' Ideen aufgeben und sich ‚nur' der Verbreitung dieser kleinen' Ideen widmen?!

Sinnvoll erscheint eigentlich beides. Hineinwachsen in die ‚großen' Ideen, könnte man diese Entwicklung auch nennen.

Nun, mehr erscheint im Moment nicht angebracht. Weiterlesen…

25. Oktober 2015
(06:42) Normalzeit
Heute Morgen geht es ihm wieder etwas besser. Er hat eine neue Übungsfolge von Vywamus vorgeschlagen bekommen. Diese sieht so aus:
- 30 Minuten Vywamus, verbinden mit der Quelle
- 20 Minuten AUM, HSIN TAO Atmung, LICHT und LIEBE aussenden
- 10 Minuten 123 707 44

- 10 Min Zahlen Allianz der LIEBE und des Friedens (die Vertonung der Zahlen muss einen mathematischen Sinn ergeben und stellt an sich eine Übung dar!)
- Das Buch von Grigorij Grabovoi weiter studieren (Lernziel: Tote erwecken können!)

Darüber hinaus konnte er heute erkennen, wie aus den verschieden Einzelteilen ein Ganzes werden kann. Ein ganz neues Bild von ihm selbst. Es könnte ein richtiges Buch im Falkverlag erscheinen(die vorhandenen Bücher gekürzt zu einem interessanten Buch), Meditations- CDs, Seminarangebot wie bereits gestern beschrieben – weiteres vorantreiben der Friedensinitiative (Nebeneffekt - Marketing für ihn und seine Angebote) und weitere Projekte von Visio Nova e.V.

Damit sollte er ausgelastet und seine finanzielle Blockade gelöst sein. Na dann, starten mit Grabovoi.

26. Oktober 2015
(06:40)
Heute Morgen ist er eigentlich ganz gut drauf. Er freut sich darauf sich noch mehr auf das Göttliche zu konzentrieren. Allerdings macht er sich auch eine Menge Sorgen um Julia. Insbesondere deshalb, weil er keine Ideen mehr hat, wie er ihr helfen kann. Auch ‚nicht zu helfen' hat er bereits als mögliche Lösung ausprobiert. Auch das war anscheinend wirkungslos.

Die LIEBE konnte er heute bei seien Übungen recht gut empfinden. Er wünscht sich Julia würde dies auch erleben können.

So, dann wird er heute, außer seinen Übungen noch dem Garten ‚dienen'. Alle Pflanzen sollen für den Winter geschützt werden.

Naja, schwierig seine Sorge zu verbergen.

„Was soll ich nur tun in Bezug auf Julia?"

„Wie wäre es mit Gottvertrauen? Ich weiß, das kommt überraschend für dich. Aber du solltest davon ausgehen, dass sie auch eine Führung hat, ein Höheres Selbst, dass sich um ihren Fortschritt kümmert und zwar sich qualifiziert darum kümmert. Also, keine Sorge, im Gegenteil – positives Denken wäre für sie hilfreich. Alles andere wird sie selbst, und ihre Führung, tun."

„Vielen Dank, Meister. Ich will sehen, ob ich mich so einstellen kann. Ist nicht so leicht, aber ich sehe ein, dass es das Einzige ist, was ich tun kann."

Nun, jetzt will er noch einige Texte von Grigorij Grabovoi abschreiben, in der Hoffnung, dass er noch mehr und vor allem noch besser seine Lehren verstehen lernt.

Danach dann, weiterlesen in den Texten von Vywamus.

27. Oktober 2015
(06:41)
Gestern wurde er wieder aggressiv, konnte es aber halbwegs verbergen. Hofft er zumindest. Er hat sich so außerordentlich alleine gefühlt. Ein schreckliches Gefühl war das. Als er dann abends Julia danach fragte, wie sie sich die Lösung vorstellen würde, war er sehr überrascht über ihre einfache aber genauso treffende Antwort. ‚Ich warte auf ein Wunder!'

Diese Antwort hat ihm vor Augen geführt, dass auch er eigentlich auf ein Wunder wartet, auch wenn er bewusst versucht ein solches auszulösen. Im Endeffekt kommt es auf das Selbe heraus.

Außerdem macht ihm ihre Aussage, eine riesige Hoffnung. Die ganze Zeit über hat er anscheinend gedacht, dass es bei ihr nicht voran geht. Obwohl er immer auch das Gefühl hatte, dass sie genauso kurz vor der Erfüllung steht wie er.

Entscheidend für ihn ist nun die Erkenntnis, dass sie offen ist und ebenfalls eine Lösung sieht. Eine Lösung, die sich mit seiner deckt. Damit hat sie ihm jedweden Stress genommen und sich auch dafür geöffnet, dass das Wunder geschehen kann.

Das Wunder des Erwachens hinein in die Göttlichkeit – Amen – Mehr fällt ihm im Moment nicht dazu ein. Außer verschiedenen Ideen bezüglich einer neu gestalteten Übungsreihe und zu den Visio Nova e.V. Ideen. (Fundraising , Arbeitsvertrag etc.).

„Die Entspannung ist wirklich eine sehr große – Danke – Julia!"

„Lieber Meister Vywamus. Ja, ich bin bereit mich mit dir zu verbinden, um das Wunder meines Erwachens auszulösen. Mein Einverständnis ist dahingehend beschränkt, dass die Verbindung zu dir, für alle vorteilhaft ist und dem göttlichen Lebensplan entspricht und entspringt.

Ist das so richtig formuliert oder würde es ‚Hintertürchen' offen lassen?"

„*Einmal davon abgesehen, dass ich Vywamus, erhaben über Missbrauch bin, gebe ich dir recht, dass du dich absicherst. Genaugenommen habe ich dich dazu inspiriert, denn solche Verträge sollte man nicht abschließen, oder entsprechend einschränken.*

In deinem Fall und auch in Julias Fall scheint es aber keine kurzfristigere Lösung zu geben als eben eine Verbindung zur Meisterebene. Für diese stelle ich mich herzlich gerne zur Verfügung.

In LIEBE Vywamus!"

28. Oktober 2015
(07:05)
„Lieber Meister Vywamus, warum werde ich immer noch so abgelenkt von äußeren Erscheinungen wie Reparaturen an Haus und Garten. Und warum empfinde ich immer noch Angst und Wut?"

„*Nun ja, mein Freund. Es gibt noch einiges zu bereinigen und dies sind die Schlacken, die hochkommen und sich dann entladen. Du hast das in Bezug auf Sanat Kumara gelesen und das trifft natürlich auch auf dich zu.*

Deine Einstellungen dazu sollten aber flexibler sein. Alles ist in Gott und dient dem Aufstieg. Auch die unbequemen Ereignisse. Je ausgeglichener du diese Situationen angehst, desto weniger werden auftauchen, denn die Schlacken werden von deinen Gefühlen erzeugt. Wenn du neutral oder positiv allem, wohlgemerkt –ALLEM – gegenüber eingestellt bist, können – KÖN-

NEN – nur noch positive oder neutrale Ereignisse in dein LE-BEN treten. Du solltest dir immer bewusst sein, dass du der Schöpfer deiner Ereignisse bist. Und du erschaffst sie, um daraus zu lernen und um in ihnen Gott zu erkennen.

Wenn du dich nun fragst, warum du dann noch immer keine finanziellen Mittel erschaffen hast, dann vergleiche einmal zwischen deinen Gefühlen und deiner Aufmerksamkeit deinen Kfz-Bremsen gegenüber und dem Geld. Was fällt dir da auf?"

„Ich beobachte beides. Und das mit Misstrauen. Hm, ist natürlich die falsche Einstellung. Aber wie soll ich die ändern?"

„Indem du dich 100%ig auf Gott verlässt. Selbst, wenn es mal nicht so aussieht, dass ein Ereignis ‚gottgewollt' ist, sei dir sicher, dass du hinterher ganz anders darüber denken wirst. Du brauchst lediglich Gottvertrauen. Ich weiß, das ist leicht gesagt, aber es ist auch so leicht. Leider besteht darin die größte Schwierigkeit für die Menschenkinder."

„Dann will ich an dieser Stelle erst einmal sehen, ob ich so weiterkomme? Ich danke dir ganz herzlich, lieber Meister Vywamus!"

Mehr kann er im Moment sowieso nicht tun. Also wird er weitermachen wie bisher und versuchen seine Aufmerksamkeit auf das Göttliche zu maximieren und mit einer positiven Erwartungshaltung weitergehen.

29. Oktober 2015
(06:35)

„Lieber Meister Vywamus, was kann ich tun um den Aufstieg noch zu beschleunigen?"

„Lieber Meister Will, was kannst du tun um einen Apfel schneller zum Reifen zu bringen? Haha."

„Haha. Der ist gut! Ich kann darauf achten, dass er eine optimale Pflege erhält, ihn z.B. regelmäßig gießen. Also den Baum natürlich. Damit helfe ich dann allen Äpfeln."

„Gute Antwort und wie kann die Pflege für deinen Aufstieg aussehen?"

„Indem ich weiterhin meine Konzentrationsübungen mache und den Rest der Natur, d.h. Gott überlasse. Mehr kann ich nicht tun?"

„Doch schon, du könntest daran glauben und dich über alle Zweifel erheben. Gott ist dein Vater und dir wird immer alles zur Verfügung stehen, was du für dein Wachstum benötigst. Jede Situation dient deinem Aufstieg. Daran musst du immer denken! Und in der Folge auch jede Situation willkommen heißen."

„Ja gut, das versuche ich natürlich schon länger und bisher gelingt es mir halt lediglich in dem Maße, wie du es ja sehen kannst. Eine Steigerung wäre aus meiner Sicht angebracht, aber ich weiß nicht wie."

„Hast du schon einmal einen Apfel gesehen oder besser gehört, der mit seiner Entwicklung nicht zufrieden war und diese optimieren wollte? Haha, das wäre ein lustiges ‚Apfelgejammer'. Haha.

Außerdem habe ich dir gerade aufgezeigt, wie du deinen Aufstieg beschleunigen kannst. Und wie dich Gottvertrauen noch oben katapultieren würde. Aber – Gottvertrauen ist eben ein Reifeprozess...

Tja, da kann man wieder sehen, dass es eigentlich ganz einfach ist. Auch das einfachste Gemüt könnte Gottvertrauen entwickeln und es sind keinerlei Bildungsvoraussetzungen dafür nötig. Du brauchst keine Ausbildung dafür, sondern das, was jedes Tier und jede Pflanze hat: ‚Vertrauen in das Göttliche, in das LEBEN'."

Das kann er sehr gut nachempfinden, nur wie man das macht, ist ihm leider noch ein Rätsel, das er aber bestimmt noch lösen wird. Davon ist er überzeugt.

30. Oktober 2015
(06:36)
„Lieber Meister Vywamus, wie kann ich die hochkommenden Schlacken besser bewältigen. Es ist sehr schwierig für mich, wenn ich beschuldigt werde, nicht die Beherrschung zu verlieren. Insbesondere dann, wenn ich der Meinung bin, dass ich keine Schuld auf mich geladen habe. Vielleicht sollte ich das zuerst Fragen: Habe ich Schuld an Julias gesundheitlichen Zustand?"

„Grundsätzlich, wenn jemand etwas nicht absichtlich getan hat, dann spricht man nicht von Schuld. Schuld entsteht, wenn man vorsätzlich jemandem schadet.
Außerdem ist der Sinn einer Schuldzuweisung höchst fraglich. Wem soll das helfen? Verzeihen ist hier der Schlüssel oder die Übung, wenn du so willst.

Aber – es gibt allerdings etwas, das tief in Julias Unterbewusstsein schlummert und das unbedingt raus will. Wie etwa Eiter aus einer Wunde herausdrängt. Deshalb solltest du es dann doch beachten. Nicht weil du Schuld daran bist, sondern weil du Julia liebst und ihr helfen willst.

Dich zu beschuldigen ist ihre Art sich vor einer schrecklichen Erkenntnis zu schützen. Einer Erkenntnis, die sie so sehr von sich weist, dass sie nichts zulassen kann, was auch nur in die Richtung geht. Und diese Erkenntnis hat etwas mit dir zu tun.

Ihr solltet einen Weg finden diesem Ereignis, diesem längst vergessenen Ereignis ins Gesicht zu sehen. Wie gesagt, es gibt keine Schuld und wenn es solche gäbe, dann muss man sich oder anderen Verzeihen. Damit ist die Schuld vergeben! Mehr braucht es nicht, nur Reue."

„Danke, lieber Meister Vywamus. Aber was kann ich damit anfangen? Wie soll ich damit umgehen. Ich kann das Rätsel nicht lösen, zumindest nicht ohne Julias Mitwirkung, die dann auch noch möglichst friedlich sein müsste."

„Bist du dir sicher, dass du es nicht herausfinden kannst? Du könntest z.B. mich fragen. Haha."

„Ja, sehr gerne. Ich habe nur Angst, dass ich deine Durchgabe verfälsche und unterstelle Julia, dass sie das auch denken wird. Oder gibt es eine Möglichkeit, die ich unabhängig von Julia anwenden kann?"

"Nun, mein Freund. Endlich sind wir wieder bei dir angelangt. Zunächst geht es einmal darum, was war das für ein Ereignis und wann war das. Danach stellt sich erst die Frage wie du damit umgehen sollst. Also was war damals?"

„Ich habe Schwierigkeiten mich leer zu machen, dich durchkommen zu lassen. Ich denke an meine Nazizeit und das es damit zusammenhängen könnte.

Dann fällt mir noch ein, dass sie vielleicht mit mir zusammen war, in ferner Vergangenheit, und ich sie damals auf irgendeine Weise im Stich gelassen habe. Das könnte mit der Inquisition zu tun haben.

Vielleicht habe ich sie mal als Kind irgendwo alleine zurückgelassen? Ach, ich weiß nicht. Ich habe das Gefühl nur zu raten. Ich spüre zwar deine Anwesenheit, habe aber nicht das Gefühl, dass du mir diese Ideen eingibst."

"Da fühlst du richtig. Es sind deine Gedanken und so sollte es auch sein. Also, wie wirst du damit umgehen? Du weißt jetzt, dass es irgendwann einmal etwas gab, das du getan hast, von dem Julia denkt, dass sie deshalb krank geworden ist.

Merkst du was? Es spielt keine Rolle wann und was es war. Es geht lediglich darum, dass es erlöst werden muss. Es muss raus."

„Das verstehe ich sehr gut. Aber wie. Ich denke, wenn die Erinnerung daran wieder hochkommt, dann wird das Problem dadurch noch schlimmer."

„Ja, das könnte sein. Aber es geht nicht um die Erinnerung, sondern um die Erlösung. Die Energie, die Blockade muss raus. Dazu gibt es Möglichkeiten."

„Welcher Art sind die und wie kann ich sie anwenden?"

„Was hat der ‚Erlöser' gepredigt? LIEBE, stimmt 's? Also mit LIEBE kannst du schon sehr viel gewinnen. Denke einfach einmal daran, dass ich dir gestern gelehrt habe, dass die LIEBE das ‚Schmiermittel' für alles ist. Also mit LIEBE starten und dann deine eigenen Schuldgefühle weglassen. Dann kannst du leichter damit umgehen und mehr Mitgefühl entwickeln. Das würde ihr auf alle Fälle helfen. Wenn du das umgesetzt hast, dann können wir weiter darüber reden."

„Gut, vielen Dank Meister Vywamus!"

Das findet er schwierig genug. Seine eigenen Schuldgefühle weglassen…

31. Oktober 2015
(06:49)
„Lieber Meister Vywamus. Ich danke dir für deinen Hinweis, den du mir gerade gegeben hast. Ich könnte also dadurch, dass ich mich dir öfters öffne, schneller voran kommen. Habe ich das richtig verstanden?"

„Ja klar, lieber Meister Will. Worauf du deine Aufmerksamkeit richtest, das wirst du realisieren!"

„Nun, meine Aufmerksamkeit richte ich aber schon ganz schön lange auf meinen Aufstieg und bin immer noch nicht angekommen. Woran liegt das?"

„Zum Einen daran, das du dich recht weit entfernt hattest, wenn man deine aktuelle Verkörperung von Beginn an betrachtet. Und zum anderen stehst du jetzt vor einem Schritt, der deine ganze Aufmerksamkeit benötigt. Nicht nur für ein paar Morgenstunden. Bitte verstehe mich richtig. Ich danke dir für die Zeit, die du deinem Aufstieg widmest. Aber eine Steigerung deiner Aufmerksamkeit würde schnellere Erfolge bescheren."

Das kann er sehr gut einsehen und will sehen, dass er seine Übungen erweitert, zumindest zeitlich, aber auch durch weitere Meditations- Cds. Auch will er in den nächsten Tagen dann die Friedensmeditation ins Internet stellen, mit dem entsprechenden meditativen Hintergrund.

Also wird er versuchen sich noch mehr zu konzentrieren und seine Aufmerksamkeit auf seinen Aufstieg so gut es geht steigern.

Mal sehen wie das geht. Also dann – abwarten und weitermachen.

1. November 2015
(06:48)
Heute Morgen weiß er nicht so recht, wie er die Lage einschätzen soll. Alle Übungen sind gut verlaufen, keine besonderen Vorfälle oder Schwierigkeiten. Dennoch fühlt er sich nicht richtig wohl. Die Nähe ist ihm schon wieder abhanden gekommen. Wahrscheinlich liegt es daran, dass er morgen sein Auto in die Werkstatt bringen muss.

Naja, das geht auch rum und dann ist wieder alles gut. Er muss einfach sein Augenmerk auf das Göttliche richten und dann ist alles gut!

„Gott liebt mich und ich ihn. Ich habe eine große Sehnsucht nach Dir, Gott mein Vater!"

„Und ich nach dir, mein Sohn! Ich freue mich darauf dich als bewusste Individualität empfangen zu dürfen. Die Vorbereitungen laufen auf Hochtouren. Wenn der Sohn nach Hause kehrt, dann veranstaltet der Vater ein großes Fest!"

Das hat ihn jetzt zu Tränen gerührt…

Er fühlt, dass er seinem Zuhause schon sehr nahe ist. Was gibt es da noch zu sagen? Irgendwann kommt der Zeitpunkt, da ist man wieder Daheim!

3. November 2015
(06:16)
Die Aktion mit dem Auto ist gut verlaufen und es funktioniert wieder. Der gestrige Tag ist sehr harmonisch verlaufen. Tiefgang war allerdings nicht in Sicht. Auch heute Morgen geht es ihm immer noch wie vorgestern. Es fehlt Nähe…

Wird schon wieder, mal sehen was der heutige Tag so alles bringen wird.

„Meister, kannst du mir bitte helfen die Nähe wieder zu erlangen?"

„Na klar. Bleibe ganz einfach bei dem was du tust und warte nicht auf Ergebnisse. Die kommen erst dann, wenn du nicht mehr darauf wartest!

Alles ist im Lot und der Erfolg kann nicht ausbleiben. Und freue dich auf das Freudenfest, das zu deinem Empfang bereitet wird."

„Ja dann, herzlichen Dank für die aufbauenden Worte! Dann werde ich mich jetzt mit der Auferweckung nach Grigori Grabovoi beschäftigen."

4. November 2015
(06:43)
Leider fehlt im aktuell die Nähe zu Gott oder Vywamus. Allerdings wird es schon wieder besser. Daraus schlussfolgert er, dass die Übungen auch den Sinn besitzen, dass er ‚am Ball' bleibt. Die Nähe Gotte spüren kann.

Eigentlich nichts Neues. Gestern hatte er die Idee, oder sollte er sagen, Vywamus hatte die Idee, dass wir zusammen ein Buch schreiben sollten – täglich mehrere Stunden daran arbeiten. Er findet die Idee super, nur weiß er nicht wie er sich daran halten soll. Ob er es schaffen kann, sich so zu disziplinieren, dass es tatsächlich in kurzer Zeit daraus ein Buch werden kann.
Dann konnte er noch sehen, wie Vywamus bei ihm im ‚Tempel', also seinem Meditationsraum, auf dem Sofa saß und er ihn interviewte und alles auf Video aufzeichnete. Eine Idee für die er sich sehr begeistern kann. Auch sprach er mit Vywamus darüber, dass für ihn die Augen, Vywamus Augen schwierig anzusehen sind, denn sie sehen ganz anders aus als menschliche. Nachdem beide sich darüber ausgetauscht haben konnte er sich damit anfreunden in solche Augen ‚live' hineinzusehen und einen direkten Kontakt mit Meister Vywamus zu haben. Also so, dass Vywamus auf ein Video aufgezeichnet werden kann. Er und evtl. andere Meister die er uns

vermittelt, um die Videos dann der Öffentlichkeit zu übergeben, sprich sie auf YouTube oder andere Portale hoch zu laden.

Das wäre natürlich ein ‚Traum', wenn er solche Videos aufzeichnen dürfte. Damit würde sich sein größter Wunsch erfüllen. Meister, die konkret anwesend sind und der Menschheit eine Botschaft überbringen. Vielleicht auch Jesus...?

Mal sehen, wie das weitergeht. Jetzt ist er erst einmal gespannt darauf, wie das Buch von Vywamus, das er aktuell liest, sich weiterentwickelt. Vywamus selbst sagt, dass es sich wie ein ‚kosmischer Krimi' lesen soll. Na da ist er aber gespannt.

Vorletzte Nacht hat er geträumt, dass er ständig mit den Buchstaben, aus denen sich das Wort LIEBE zusammensetzt, zu spielen. Etwas so:

Er hat die verschiedensten Kombinationen ausprobiert. Über mehrere Traum- und Pinkelphasen hinweg.

Ja, sonst – keine Ahnung – weiter machen.

5. November 2015
(06:47)
Die Übungen heute Morgen waren gut und er konnte die LIEBE recht gut fühlen, fühlt sie eigentlich immer noch. Er hat den Eindruck, dass Vywamus ihm etwas sagen will, hier über das Tagebuch, deshalb, lieber Vywamus „Was möchtest Du mir sagen?"

„Ich möchte versuchen eine gewisse Struktur in unsere Arbeit einzuführen. Deshalb war es jetzt sehr wichtig für mich, ob Du auf meine Bitte reagieren würdest, ob Du bereits in der Lage bist, solche ‚Ansprachen' wahrzunehmen.

Da das ganz offensichtlich funktioniert hat, kann ich einen Schritt weitergehen und mit Dir eine Struktur vereinbaren. Zunächst eine recht grobe, denn ich sehe wo Du Dich in Deiner Entwicklung befindest.

Ich sehe, was Du mit unserem Buch beabsichtigst, nämlich anderen Lichtarbeitern zu zeigen, wie sich eine Entwicklung vollzieht und Du willst damit all denen, die manchmal aufgeben möchten zeigen, dass weitermachen sich lohnt und Phasen des Zweifels ‚normal' sind.

Die Idee finde ich interessant, wenn ich mich aber einbringen soll, dann benötigen wir mehr Themen. Themen, die den Lesern mehr helfen. Also müssen wir eine Struktur finden, die beides miteinander verbindet. Einverstanden?"

„Oh ja, sehr. Ich bin sehr einverstanden. Danke, dass Du mit mir zusammenarbeiten möchtest!"

„Für die Struktur benötigen wir Kapitel. Was würde Dich denn besonders interessieren?"

„Methoden, Übungen durch die ich all das was ich mir angelesenen habe auch fühlen kann.

Über die geführten Meditationen haben wir ja schon gesprochen. Wenn ich Dich richtig verstanden habe, dann haben wir vereinbart, dass wir gemeinsam, wie wir es bereits bei der Friedensmeditation getan haben, Audios erstellen und sehen, dass wir sie möglichst weit verbreiten können. Manche kostenlos, für andere darf ich mich an Frau Christa Falk wenden und sehen, dass ich sie für unsere Projekte interessiere. Ist das so richtig?"

„Ja, das haben wir so vereinbart. Freut mich, dass du Dich noch daran erinnerst. Haha. Was für Themen interessieren Dich noch?"

„Übungen, die auch körperliche Aspekte berücksichtigen, wie Yoga aber vereinfacht für den westlichen Menschen und die eine Verjüngung für den Körper bedeuten.

Dann natürlich das Thema ‚aufwecken'. Was können wir tun, dass wir schneller erwachen und zu unserer vollen Ausdrucksmöglichkeit gelangen?

Natürlich ist das Thema Blockaden immer noch aktuell. Wenn Dir noch mehr dazu einfällt als du bereits in anderen Büchern geschrieben hast, dann wäre auch das interessant. Etwas einfaches, was alle Blockaden beseitigt. Eine Art Schlüssel.

Auch ein Schlüssel mit dem wir im Unsichtbaren reisen können, oder einer, um aus der Substanz zu erschaffen (Präzipitieren), und für das Gegenteil, etwas zu Dematerialisieren, Auferweckungen zu realisieren...

Meine Idee wäre es, ein Buch zu schreiben, dass alles sehr stark vereinfacht und vor allem Wert darauf legt, einfache Übungen zu präsentieren. Einfache Übungen mit großer Wirkung."

„*Ich verstehe Deine Idee und werde darüber nachdenken wie ich/wir das in die Tat umsetzen können. Super. Ich freue mich darauf!*"

„*Ich bin gerade nicht ganz zweifelsfrei – aber ich freue mich auf jeden Fall auch sehr darüber, besonders, wenn ich dann auch die Texte von Dir unverfälscht niederschreiben kann... Uff...*"

„*Haha, am Besten fangen wir mit dem Thema: ‚Zweifel beseitigen' an. Ja genau, was sind Zweifel, wo kommen sie her usw. Damit haben wir bereits das Thema für das erste Kapitel. Cool, danke!*"

„Ich danke Dir, für Dein Verständnis!"

Da ist er aber jetzt sehr gespannt wie das weitergeht. Ob das wirklich funktioniert und ob er es schafft Vywamus sprechen zu lassen.

„*Haha. Da haben wir gleich das nächste Thema: Selbstwertgefühl! Das geht ja echt voran heute Morgen.*"

Er freut sich sehr auf die Zusammenarbeit, die in jedem Fall äußerst spannend für ihn werden wird.

6. November 2015
(06:44)
Gestern wurde sein Bewusstsein äußert erweitert. Er wurde aufgefordert bei der intergalaktischen Friedensmission mitzuarbeiten. Dies will er sehr, sehr gerne tun. Leider fehlt im aktuell wieder die Nähe dazu und es scheint ihm alles so, als wäre es seine Phantasie. Auf eine andere Weise ist es ihm klar, dass es natürlich die Realität ist, nur die Gefühle sprechen etwas anderes.

Aktuell ist es ihm übel und schlecht im Magen. Woher das kommt, versteht er nicht. Oder doch, etwa von falscher Ernährung?

Am liebsten würde er sich verkriechen. Aber wohin und wie? Kann das nicht etwas leichter und annehmlicher von statten gehen?

Lange Rede kurzer Sinn. Er fühlt sich im Moment richtig beschissen und weiß nicht warum. Der Gedanke an die intergalaktische Friedensmission hat ihn gestern sehr motiviert – heute erscheint es ihm utopisch und vor allem, dass er dort mitwirken könnte. Wer sollte ihn schon dabei gebrauchen, was sollte denn dort seine Aufgabe sein?
Egal – da scheint es nur ein ‚Hindurch' zu geben – na dann – auf geht's.

7. November 2015
(07:00)
Gestern, am frühen Abend hatte er das Gefühl, dass es sein könnte, dass sich plötzlich eine Weltsicht für ihn öffnen könnte, die wirklich vergleichbar ist, der, wie wenn man aus einem Traum aufwacht. Völlig neue Sinneseindrücke, und eine geistige Klarheit, die alles verständlich macht. Es kam ihm so vor, als würde man normalerweise nur die Hälfte oder noch weniger von der Welt sehen.

Naja, das Ganze hat sich bisher noch innerhalb von ihm abgespielt. Er konnte sich das bisher nur ‚vorstellen'. Aber immerhin – jetzt hat er eine Idee davon wie das Aufwachen aussehen könnte. Gestern hat es ihn etwas erschreckt. Aber darin sieht er die Reste von Angst, die ja nach der Lektüre des aktuellen Buches von Vywamus, das er gerade liest, getilgt sein sollen. Zumindest die, die ihn hindern, die aktuell Blockaden darstellen.

Er spürt eine Nähe zu Vywamus und der Ebene der Meister, die er bisher nicht kannte. Es kommt ihm so vor, als würde ihm ‚Gott' jetzt entgegenkommen. Er spürt ständig die Anwesenheit von einem Meister, überwiegend Vywamus, aber auch Meister Saint Germain, und spürt, dass von deren Seite aus, man bereit ist eine Zusammenarbeit mit ihm zu beginnen.

Er will aber nicht zuviel darüber reden, denn er fürchtet, dass er es dann ‚zerreden' würde. Im Moment freut er sich darauf weiter in dem Buch von Vywamus zu lesen und weitere Erkenntnisse zur Welt zu haben.
Aber, es wird sich sehr bald sehr viel ändern in seinem und Julias LEBEN. Zum Guten, zum Besten, was wir uns aktuell vorstellen können.

8. November 2015
(07:27)
Heute wird er ein Salzbad nehmen und die neue Meditation für die Allianz der LIEBE und des FRIEDENS auf YouTube hoch laden. Dabei wird er sich mit Meister Vywamus verbinden und solange meditieren, bis das Hochladen beendet ist. Dann muss er weitersehen.

Im Moment steht für ihn alles unter diesem Aspekt, denn das Hochladen dauert erfahrungsgemäß einige Zeit – einige Stunden. Solange zu meditieren ist für ihn auch eine neue Erfahrung. Vor allem muss er auch alles vorbereiten, damit er direkt nach dem Bad dann auch das Hochladen starten kann.

Wird schon alles gut werden, er hat ja die Unterstützung von Meister Vywamus und sicherlich auch von vielen anderen Meistern und Engeln. Die intergalaktische Friedensmission steht auch hinter dieser Aktion und somit kann eigentlich alles nur gut werden! Bei solch geballter Kraft...

Also dann freut er sich auf später.

9. November 2015
(07:17)
Das Solebad war sehr angenehm und anscheinend hat es ihm auch irgendwie geholfen. Jetzt muss er nur die nächsten Tage auch genügen Mineralwasser oder noch besser, Wasser aus der Heilquelle trinken. Richtig viel. Das wird ihm sehr gut tun.

Das Audio ist hochgeladen, nun muss er prüfen, ob es in einem brauchbaren Zustand im Internet angekommen ist. Wenn ja, dann kann er beginnen es zu verbreiten. Er hat Meister Vywamus um Hilfe gebeten, für beides, Qualität und Verbreitung, und somit hofft er darauf, dass es diesmal wirklich losgehen kann.

Die Eröffnungen über die intergalaktische Friedensmission inspirieren ihn sehr und er bekommt dadurch ein Gefühl ‚größer' zu sein. Schwer zu beschreiben. Wenn man seinen Horizont, sein Bewusstsein erweitert, dann hat man ein Gefühl ‚größer' zu sein. Das ist zumindest bei ihm so. Leider kann er das nicht besser beschreiben.

Seine Übungen zur Auferweckung, das Abschreiben der entsprechenden Texte, fällt im aktuell sehr schwer, weshalb er auch damit aussetzt...

10. November 2015
(07:03)
Heute Morgen hat er während der Meditation mit Vywamus, ihm die Frage gestellt, was es mit Julias Krankheit und überhaupt der nicht richtig funktionierenden Beziehung, auf sich hat.

Dann hat er Julias Ideal von damals erkannt. Glaubt er zumindest. Sie hat sich wohl vorgestellt, dass wir auf eine ähnliche Weise leben werden, wie z.B. Frau Müller. Zwar unterschiedlich in der Art, aber Seminare anbietend, Beratungsgespräche führend, um auf diese Weise immer mehr Gott durch uns fließen zu lassen. Bis zur Meisterschaft. Deshalb sind ihre Ausgaben bei Frau Müller, der Kurs bei der Kartenlegerin und die Gespräche mit dem englischen Medium oder auch ihr Verhalten im unbekannten Verlag aus ihrer Sicht – Investitionen - gewesen. So ungefähr wird sie sich das Zusammenleben mit ihm vorgestellt haben.

Er hat sich etwas ganz anderes vorgestellt. Er hat die Erfahrung gemacht, dass er sich im Gefängnis am besten konzentrieren kann. Sich auf jeden Gedanken konzentrieren, um nur noch das zu denken, was wünschenswert ist. Deshalb war es damals und auch heute noch so, dass er ein Klosterleben als ein ideales LEBEN ansieht. Das kann natürlich noch aus dem Mittelalter stammen. Auf alle Fälle ist auf diese Weise entstanden, dass er mit seinen Vorstellungen von 100 % Konzentration auf Julias, eher lockere Vorstellungen von LEBEN, gestoßen ist.

Beide haben dieses Problem nicht erkannt, deshalb ist daraus folgendes entstanden:

Er hat eine Art Knast erzeugt, indem er versucht hat, sie, über den Intellekt von seinen ‚optimalen' Bedingungen zu überzeugen. Da sie ihm sprachlich nichts entgegensetzen konnte, aber wusste, dass das nicht ihr Weg ist, zog sie sich in sich zurück und baute somit eine Mauer um sich auf. Daraus entstand eine Art Klaustrophobie, die dann Atemnot erzeugt. Durch diese Situation leiden jetzt beide, denn er macht sich ganz schreckliche Sorgen um sie, was mitleiden bedeutet.

Beide befinden sich in einem künstlichen Knast, in dem sie sich noch eingemauert hat, was beide in einen ziemlichen Handlungszwang bringt und als einzigen Ausweg ein ‚Wunder' erscheinen lässt.

„Fehlt nur noch die Lösung?"

„Die Lösung ist ganz einfach. Durch diese Information und den Übungen zur Verjüngung der physischen Individualität, ist

alles schnell vorbei. Aber bedenke, mein Freund, evtl. wird sie die Übungen anders angehen als du. Das ist dann nicht falsch, nur anders!

Mein Rat für eure Zukunft, evtl. öfters miteinander sprechen, dann können solche Missverständnisse nicht so langwierig ausarten.

Wir brauchen euch, hier bei der intergalaktischen Friedensmission, und erwarten euch schon aufs sehnsüchtigste.

In LIEBE Vywamus"

11. November 2015
(07:14)
Heute Morgen gibt es nicht viel zu berichten. Gestern hat er die Friedensmeditation auf Facebook gestellt und gleich, innerhalb Sekunden ein ‚Like' dafür erhalten. Naja, es kam von seinem ehemaligen Coach, der auch gerade online war. Dennoch, er empfand das als ein gutes Zeichen, ein Zeichen dafür, dass Vywamus auch bei der Verbreitung helfen wird.

Jetzt gleich will er sehen, welche Verträge in dem Buch erwähnt waren und wie das gemeint ist, wenn dort gesagt wird, dass diese unterzeichnet werden sollen. Ob das innerhalb einer Meditation oder z.B. hier geschehen soll.

Mehr kann er im Moment nicht sagen. Doch eins noch: „Ich bin so dankbar dafür, dass ich jetzt weiß wie diese unangenehme Situation mit Julia entstanden ist und wie sich alles heilen lässt! Vielen, vielen Dank dafür!"

„Gerne, mein Freund, immer nur fragen, wir wollen alle helfen und haben auch die Mittel dafür. Fragen, fragen, fragen und wir helfen. Ganz bestimmt!"

Na, das ist ja mal eine gute Aussicht!

12. November 2015
(07:26)
Heute Morgen hat er während der Vywamus Meditation gespürt, wie es sich anfühlt, wenn er ein Meister ist. Anscheinend kann er dann auch die Inkarnationen wechseln und eben fällt ihm dazu ein, dass er diese dann auch evtl. ‚zu Ende' bringen kann oder sogar muss.

Das Wichtigste bei diesem Empfinden war, dass er es fühlen konnte – auch einen Wechsel in andere Ebenen oder Inkarnationen, war für ihn fühlbar. Das Ganze hatte eine ähnliche Schwingung wie damals der Traum, in dem er sich als Meister hat arbeiten sehen und auch vergleichbar mit 1982, als alles ‚floss'.

Mehr gibt es dazu im Moment nicht zu sagen.

13. November 2015
(07:08)
Heute Morgen ist er fest davon überzeugt, dass er bisher keine finanzielle Zuwendung von der Intergalaktischen Friedensmission erhalten hat. Er meint, dass er es genau weiß, obwohl er noch nichts geprüft hat. Seiner Meinung nach, gibt es aktuell zwei Möglichkeiten, wir diese ihm Mittel zukommen lassen können… Naja, egal – er muss sehen, dass er sich davon nicht irritieren lässt.

„Dein Wille geschehe, Vater!"

Damit muss er aber erst einmal klarkommen. Dass er anscheinend immer noch nicht weit genug ist, und seine Finanzlage immer noch ungeklärt bleibt.

14. November 2015
(06:55)
Heute Morgen, mit der neuen Version von der Morgenmeditation, hat er wieder recht angenehm meditieren können. Deutlich konnte er die LIEBE fühlen und auch Vywamus, der die Lichtgestalt zu sein scheint. Zumindest war er das heute Morgen.

„Wieso bin ich davon überzeugt, Meister? Wenn ich darüber nachdenke, erinnere ich mich an kein besonderes Erlebnis, dass mich so sicher sein lässt, dich heute Morgen wahrgenommen zu haben?"

„Das hast du vergessen? Wir haben sehr viel LIEBE ausgetauscht und dabei hast du erkannt, was für dich Freiheit bedeutet und dies auch in Bezug oder im Besonderen, sexuell.

Wolltest du das lieber wieder verdrängen?"

„Anscheinend, Meister. Oft sind die Lösungen, die ich in einer Meditation erkenne, dann in der Praxis für mich nicht, noch nicht, durchführbar. Warum?"

„Weil Freiheit kein theoretisches Ereignis ist, sondern ein konkretes. Deine Konditionierungen sind also nicht im theoretischen Bereich, sondern im emotionalen. Der theoretische Ansatz dient lediglich dazu, dass du weißt, was du anstreben solltest.

Was war die eigentliche Erkenntnis? Erinnere dich!"

„ Es ging um die Sexualität, die ich aktuell am Liebsten verdränge.

Die Erkenntnis war, dass, wenn alle Menschen sich frei machen könnten von den Konditionierungen, der Kirche, ihrer Eltern und Vorfahren, dann würde ein Mensch wahrscheinlich bisexuell und polygam sein. Frei eben.

Der Grad an Emotion, die man entwickelt beim Hören dieser Erkenntnis, bedeutet, den Grad der in diesem Bereich vorhandenen Blockaden zu fühlen.

Kann man sich befreien, dann spürt man die Freiheit, die außerordentlich anregend ist. Keineswegs nur sexuell!"

„Aha – und wieso willst du das verdrängen?"

„Weil es eben, der bereits oben erwähnte, Unterschied zwischen Theorie und Praxis ist."

„Zunächst einmal könntest du die erste Blockade überwinden und dich selbst, im Stillen, befreien. Bevor du das nicht sehen willst, wäre handeln denkbar ungünstig. Es könnte ja auch sein, dass deine gesamte Idee aus einem sexuellen Überdruck herrührt. Haha."

„Das verstehe ich so, dass Befreiung in erster Instanz ein Erkennen dessen ist, was oder wie man ist und dies vor sich selbst dann eingesteht. Das hat mit handeln anderen gegenüber zunächst nichts zu tun.

Erst wenn man zu einem definitiven Ergebnis gekommen ist, kann man sehen, ob andere auch zu solchen Erkenntnissen gekommen sind und sich diesen anschließen."

„Wie du zu dieser Erkenntnis gekommen bist, weiß ich zwar nicht genau – Haha -, aber dem würde ich zustimmen. Auffällig für mich ist dabei, dass du alles generalisiert hast und dabei sehr geschickt erneut die Sexualität verdrängen wolltest. Zum Glück hast du mich – haha!

Achtung: Das Entscheidende ist die LIEBE, das solltest du nicht vergessen! Die muss immer frei fließen. Ob du das sexuell zum Ausdruck bringen willst, ist allein deine Entscheidung. Wenn du frei bist. Wenn nicht, dann kann die LIEBE nicht frei fließen.

Um es deutlich zu machen:
Wenn du sexuell bi und polygam bist, aber dies dir nicht eingestehst, wirst du in manchen Momenten, den Fluss der LIEBE blockieren. Das wäre zu verhindern. Es geht lediglich um den Fluss der LIEBE"

„OK, danke Meister Vywamus. Können wir bitte jetzt einmal das Thema wechseln?"

Eigentlich fühlt er sich nach diesem Thema relativ erschöpft und kann nicht entscheiden, ob das alles so stimmt, oder ob das nur ein Zeichen dafür ist, dass sein Verdrängungsmechanismus wieder eingesetzt hat?

„Lieber Meister Vywamus – ich liebe dich! Danke für deine Unterstützung!"

„Schnief-, gerne, meine Freund!"

15. November 2015
(06:41)
Gestern hat er gelesen, dass Vywamus körperlich auf der Erde erscheinen wird. Das macht ihm viel Hoffnung, denn das könnte all seine Wünsche, betreffend einem konkreten Zusammentreffen mit einem oder mehreren Meistern, erfüllen.

Aber draußen regnet es und es ist stürmisch, was wieder, schon wieder, einer Vertrauensprüfung gleichkommt.

„Wann, Meister, werden diese Prüfungen aufhören?"

„Wenn du alle bestanden hast – haha!"

„Na super. Dann weiß ich wenigstens, dass ich nicht durchfallen kann. Haha."

Er ist unruhig und möchte jetzt weiterlesen.

16. November 2015
(07:07)
Oh, oh – er ist voller Zweifel, aber auch voller Tatkraft, zumindest im Moment. Woher kommen die Zweifel? Natürlich aus der Differenz von künstlicher Bewusstseinserweiterung und natürlicher.

Die LIEBE und die Nähe zu Vywamus konnte er heute Morgen zwar spüren, aber irgendwie nicht glauben. Es erscheint ihm alles so ‚verkopft'. Die Gefühle der LIEBE sind zwar vorhanden, aber die ganzen anderen Sachen, wie die intergalaktische Friedensmission, erscheinen ihm äußerst utopisch.

Das ändert für ihn aber zunächst nichts. Er wird mit der ‚Allianz der LIEBE und des Friedens' weitermachen, egal ob er damit in die intergalaktische Mission aufgenommen wird oder nicht. Bei seinem aktuellen Bewusstseinszustand kann er nicht beurteilen, ob das Utopie ist oder nicht.

Sein Friedensprojekt ist aber konkret und daran wird er weiterarbeiten. Auch wird er Kontakt zu dem Verein ‚Herzen in Frieden e.V.' aufnehmen und sehen, ob er ein Treffen verabreden kann. Oder besser, Julia wird ein solches verabreden.

17. November 2015
(07:19)
Heute Nacht hat er anscheinend einen wichtigen Traum. Erinnern kann er sich allerdings nicht mehr. Nur, dass er mit Steinen, Halbedelsteinen zu tun hatte. Diese gab es in verschiedenen, blassen Farben. Verschiedene Menschen hatten solche Steine, die alle in einer Reihe ausgelegt waren. Sein Stein war in einem Mintgrün.

Anscheinend wurden die Menschen von Vywamus betreut. Aber das kann er nicht genau sagen. Es gab auf alle Fälle jemanden, der wusste was getan werden sollte und der Anleitungen gab.

Ansonsten fühlt er sich äußerst deprimiert und er hat keinerlei Lust irgendetwas noch zu tun. Wenn seine Kraft nicht ausreicht um auch finanzielle Unterstützung zu erhalten, dann kann er halt nix machen.

Er wird seine Mitarbeit niemandem aufdrängen.

…

18. November 2015
(16:57)
„Heute Nacht hatten wir einen Sturm, der für eine Menge Unruhe bei uns gesorgt hat, obwohl er anscheinend nicht besonders stark war.

Es fühlte sich trotzdem an wie eine Prüfung. Nun zunächst habe ich mit der violetten Flamme gearbeitet und diese bis auf ganz Hessen ausgedehnt. Dann habe ich verschiedene Meister angerufen und um Hilfe gebeten, dann den Erzengel Michael. Danach alle Schutzengel der Einwohner von unserem Wohnsitz. Dann habe ich versucht die gesamte Wetterlage in höhere Luftschichten zu ‚heben'.

Nach ca. 2 Stunden, gefühlten drei Tagen, habe ich dann endlich alles an Vywamus übergeben und ihm vorgeschlagen, dass er sich meiner Energie bedient, um das Unwetter abzuhalten. Das fühlte sich gleich am Besten an. Es dauerte einen Moment, dann konnte ich das Vertrauen aufbringen und konzentrierte mich auf den Lichttunnel, wo ich dachte Vywamus zu treffen.

Ich konnte allerdings nicht erkennen, wen ich getroffen habe. Dafür war der Tunnel äußerst stark erleuchtet und das Wesen noch wesentlich mehr, so, dass ich zum ersten Mal eine ‚Figur' erkennen konnte, die sich immer wieder genauer abzeichnete und dann wieder verschwamm. Während ich darüber den Sturm vergaß, konnte ich sehr angenehm träumen. Was, weiß ich mal wieder nicht.

Lieber Meister, kannst du mir etwas zu diesem Erlebnis sagen?"

„Na klar, die letzte Nacht war stürmisch."

„Wie, mehr möchtest du mir nicht dazu sagen?"

„Doch, du hattest Angst."

„Ja leider, obwohl ich gerne mich gleich dir, dem Göttlichen übergeben hätte. Ich hatte aber Angst. Stimmt. Mist. Prüfung – durchgefallen."

„Man kann bei Prüfungen, die das LEBEN stellt, nicht durchfallen. Du hast auf alle Fälle letzte Nacht eine Menge gelernt. Somit hast du dein Bewusstsein erweitert. Auch hast du deine persönlichen Grenzen gesehen.

Einen Hinweis könnte ich dir geben. Angst ist ansteckend und kann von anderen Menschen übertragen werden. Allerdings, entbindet dich das nicht. Gottvertrauen heißt der Schlüssel…"

„Tja, das war wohl bereits die nächste Prüfung. Anscheinend auch versaut. Mist."

Eine Alkoholikerin hat ihn am Telefon angepöbelt. Beim ersten Mal hat er sicher und bestimmt, aber auch freundlich und liebevoll, sie abgewiesen. Sie möge ihn bitte im nüchternen Zustand anrufen...

Dann kam der zweite Anruf. Sie stellte Forderungen an ihn und leider, ließ er sich auf ein Gespräch ein, das erwartungsgemäß nach kurzer Zeit eskalierte...

„Wenn es nicht meine Tochter gewesen wäre, könnte ich damit leben. Aber so? Prüfung versaut. Insbesondere auch deshalb, weil ich beim zweiten Anruf innerlich ‚zitterte'. Das war das eigentliche Problem, ansonst blieb ich nach Außen hin auch ruhig, allerdings konnte ich das Gespräch nur noch durch auflegen beenden. Danach hat sie mehrmals erneut angerufen und ich habe die Anrufe abgewiesen, solange bis ich das automatische Abweisen auf meinem Telefon eingerichtet hatte. Ständig kam ihr Anruf dazwischen, sodass ich das Telefon nicht eingerichtet bekam. Dann sagte ich laut und unkontrolliert – ‚höre auf und lass das', dann dachte ich daran, dass sie auf den Gedanken kommt, dass ich die automatische Abweisung eingeschaltet habe (was bis dahin noch nicht stimmte). Danach kam kein Anruf mehr..."

Somit hat er wieder bewiesen, dass er nicht weise zu handeln versteht.

„Oh Mist. Heute kommt's ja super!"

„Bei deiner Tochter wirst du nur etwas unternehmen können, wenn sie wirklich den Alk hinter sich lassen will.

Die Knoten, die sich dabei innerlich in dir entluden, sind eben alte Sachen aus deiner Kindheit – gut dass sich davon etwas entladen konnte."

„Vielen Dank für dein Verständnis, lieber Meister Vywamus!"

Ihm ist es irgendwie schlecht. Aber das wird sicherlich besser, wenn er etwas gegessen hat. Das will er dann jetzt einmal tun.

19. November 2015
(07:22)
„Heute Morgen wurden mir drei Schwerpunkte bewusst, oder bewusst gemacht, die meine Entwicklung blockieren. Grundsätzlich habe ich dazu aber auch erkannt, dass es letztendlich keine Blockaden gibt, denn man wächst auch oder gerade an den Blockaden. Es kommt aber auch eine Zeit, da haben Blockaden ausgedient. Dann werden sie einem bewusst und man kann sie transformieren.

Erstens habe ich ein Problem mit meiner Exfamilie, damit sind meine Töchter und deren Mutter gemeint. Die Blockade ist entstanden, als ich in Frankreich gelandet bin und alle drei dadurch Probleme hatten. Mit der Mutter habe ich weiter nichts mehr zu tun, was ich aber nicht so eng sehen sollte. Gänzlich loslassen bedeutet, dass man auch Kontakt haben können muss.

Mit Alexandra habe ich einen einigermaßen guten Kontakt, der zwar auch noch mehr heilen dürfte, aber als solches keine Blockade im Moment bedeutet.

Dann gibt es aber auch noch die alkoholkranke Petra. Das kann ich nicht einfach loslassen, denn damit habe ich noch zu tun. In vielerlei Hinsicht, sogar im finanziellen Bereich. Gestern habe ich dich so verstanden, Meister Vywamus, das ich auf spiritueller Ebene etwas unternehmen kann, um ihr zu helfen. In der Meditation heute Morgen, viel mir dann eine mögliche Lösung ein.

Es ist zu vermuten, dass Petra von einigen, ebenfalls alkoholkranken, Seelen besetzt wird. Dazu viel mir dann ein, dass ich eine entsprechende Meditation entwickeln könnte, um diesen Zustand zu beenden. Und diese Meditation könnte ich dann auch Alexandra und ihrer Mutter zur Verfügung stellen. Ziel wäre es, die an Petra hängenden Seelen zu befreien und somit auch Petra. Befreien und die daraus entstehende Lehre mit LIEBE füllen. 15 Minuten täglich sollte bald eine Wirkung zeigen. Auf jeden Fall, sollte ich mit der Mutter und der Schwester eine Gemeinschaft bilden, denn das hat Petra vor einiger Zeit von mir verlangt, dass ich mit der Mutter und der Schwester eine Gemeinschaft bilde. OK – das kann ich machen. Wenn ich uns allen damit helfen kann. Gerne.

Zweitens bin ich für Julias gesundheitlichen Zustand verantwortlich. Ich muss mir Gedanken darüber machen, wie ich ‚das Gefängnis' auflösen, transformieren kann und dann alles loslassen. Das wird schwieriger werden, aber vielleicht auch nicht. Vielleicht sind die Erkenntnisse, die ich darüber von dir Meister erhalten habe, bereits Auslöser genug um eine Befreiung zu bewirken. OK – ist in Arbeit.

Drittens geht es ganz grundsätzlich um loslassen, um Gottvertrauen. Dieses Thema ist etwas schwieriger, denn dazu habe ich noch nichts weiter von dir, Meister Vywamus, erfahren können. Da dies aber mit fast allem zusammenhängt, scheint es mir die Schlüsselblockade zu sein.

Meister, wirst du mir noch mehr darüber erzählen? Dumme Frage, Sorry, natürlich wirst du, falls ich es schaffe mich weit genug zu öffnen, stimmt 's?"

„Ja klar, wo hast du gelernt dir selbst alle Antworten zu geben? Haha. Das gefällt mir, dann brauche ich mich nicht anzustrengen. Haha."

„Wenn die Antworten richtig sind, dann bin ich auch zufrieden. Denn es geht darum Selbstbetrug auszuschließen. Verdrängen usw."

„Keine Bange, das kannst du ruhig loslassen und so stehen lassen. Ich habe keinerlei Einwände. Den dritten Punkt hättest du noch etwas ausführlicher behandeln können. Aber ansonsten – alles gut!"

20. November 2015
(06:58)
Heute Morgen scheint nichts besonderes ‚abzugehen'. Keine besonderen Erkenntnisse...?

„Meister Vywamus, wie soll es jetzt weitergehen?"

„Einfach weitermachen. Sieh es mal so, wenn man viel an sich arbeitet, dann macht es ja nichts auch mal einen Tag Ruhe zu haben, oder?

Es stimmt, eigentlich gibt es keine Ruhetage. Aber es gibt Tage, da würden weitere Erkenntnisse dich davon abhalten das, was du bereits weißt, umzusetzen. Darum geht es aber primär. Das Göttliche soll realisiert werden.

Also dann wollen wir einmal sehen, was du schon umgesetzt hast.
Punkt eins > bisher noch keine Ergebnisse, außer den Erläuterungen die du gestern mit Julia zu diesem Thema hattest. Weitere Theorien, bisher keine Aktion.
Punkt 2 > Du hast Julia den Text gegeben, weil du dir davon erhofft hast, dass sich bei ihr dadurch der Knoten löst. Das könnte sein, hier musst du noch abwarten und deine Saat aufgehen lassen.
Punkt drei > da hast du richtig erkannt, dass dies ein ständiger Prozess ist, bei dem du immer weiter und weiter in das Göttliche hinein wächst.

Wie du siehst, gibt es noch einiges zu tun. Auch wenn du daran denkst, dass du noch die Allianz der LIEBE und des Friedens bewerben willst. Das Thema Geld in Bezug auf deine Friedensaktivitäten (wenn du sie dann irgendwann startest), aber natürlich auch in Bezug auf deine persönliche Situation. Visio Nova e.V. an sich, die Selbstversorgung usw. liegt auch im Moment brach..."

„Danke, das genügt! Es gäbe noch mehr aufzuzählen. Ich verstehe (vielleicht) was du mir sagen willst. Den Tag und seine Herausforderungen annehmen."

„Alles dient deinem Aufstieg, jede Situation ist wie eine Prüfung, weil sich mit jeder Situation deine Energien ändern, solange bis du die richtige Schwingung hast, die dich dann in die nächste Dimension trägt. Alles klar?"

„Wie Kloßbrühe. Haha. Danke."

Jetzt will er Tee trinken. Der Meister Vywamus kam ihm etwas ‚genervt' vor. Das kann aber nur an ihm, Will, liegen, dass er sich genervt fühlt. Der Meister wohl eher nicht…

21. November 2015
(07:32)
Gestern ‚lief' alles anders als er sich vorgestellt hat. Ein für ihn recht chaotischer Tag. Dennoch, zum Ende war etwas erreicht, waren anstehende Aufgaben erledigt. Das ermunterte ihn dazu darüber nachzudenken inwieweit es für ihn möglich wäre, spontaner zu leben und nicht immer alles planen zu wollen.

Diesem Gedanken hat er heute Morgen weiter gefolgt und seine Übungen auch spontan verändert. Nicht geplant, sondern auch spontan. Ihm war es sehr angenehm bei der Meditation zu bleiben und noch einmal die Meditation zur Quelle des Seins geübt.

Jetzt geht er lesen. Über das elfte Chakra. Durch dieses Chakra sollen die Wunder geschehen. Soviel hat er bereits gelesen. Jetzt ist er darauf gespannt wie es weitergeht.

23. November 2015
(08:48)
Gestern hat er drei Stunden im Bett meditiert, d.h. er hat sich die Meditation ‚Quelle des Seins' angehört.

Auch hatte er Träume von Engeln, die mit ihm gearbeitet haben. Leider hat er den Rest vergessen.

Das Buch hat mal wieder nicht seine Erwartungen erfüllt, denn eigentlich hat es ihm statt des Wunders eine Menge Arbeit ‚beschert'.

Heute Morgen hat er dann die Übungen ausfallen lassen und mit Julia darüber geredet, der es anscheinend besser geht als ihm. Das freut ihn sehr und er konnte sich dadurch mit seinen eigenen Emotionen zurückhalten.

Wie es weitergeht weiß er nicht…

24. November 2015
(07:46)
Heute Morgen hat er eine Menge Erkenntnisse gehabt, obwohl er erst eine Stunde später als üblich hier gewesen ist.
1. Erkenntnis: Julia spiegelt seine Existenzangst, die er im Vogelsberg hatte. Milz, Galle, Leber sind Organe, die es widerspiegeln, dass Existenzangst erlebt wird. Und das war zunächst einmal seine eigene, mit der er Julia angesteckt hat.
Sie hat dazu ihre Einwilligung gegeben, weil sie herausfinden wollte, wie es sich anfühlt krank zu sein. Dieser Wunsch kann auch in ‚White Haven' entstanden sein, muss aber nicht.
Konsequenz: Wenn er Geld verdient, dann heilt er sie. Was sie ja auch immer gesagt hat. Zum Geldverdienen sind genügend Ansätze für ihn vorhanden, so dass dies im Bereich seiner aktuellen Möglichkeiten liegt. Sein Einkommen könnte auf diesem Weg in etwa dem entsprechen, was er in dem Konzern eingenommen hat. Damit könnte man unbesorgt leben. Solange bis es nicht mehr nötig ist, Einnahmen zu erzielen. Das wäre sehr schön! Das wünsche er sich.

2. Erkenntnis: Seine Übungen sollen in Zukunft wesentlich einfacher sein, nämlich keine anstrengenden Verrenkungen mehr, sondern tatsächliches Meditieren. Das dann öfters und zwar in Form von Gesprächen mit Meister Vywamus.
Diese soll er dann direkt diktieren und zwar auf zweifache Weise (Dragon Diktierprogramm und MD Rekorder).

3. Erkenntnis: Visio Nova kann ebenfalls auf diese Weise zum Einkommen beitragen, aber auch seine Friedensbemühungen verstärken, was wiederum ein Einklang mit Vywamus und seinem Friedensprojekt steht. Hier wäre dann auch die Plattform für Meister Vywamus live. Man könnte dann auch Ashram-online dafür einsetzen...

„Das war's, mehr war nicht. Haha"

25. November 20115
(07:44)
Heute Morgen hat er zum ersten Mal die neuen Übungen ausprobiert. Der Kontakt zu Meister Vywamus hat für ihn nur sehr ‚schwach' funktioniert. Dennoch war für ihn klar zu erkennen, dass im Moment die Lösung der ersten Blockade stattfinden muss.

Mehr kann er heute Morgen nicht aus sich herausholen...

26. November 2015
(07:38)
So langsam nähert er sich wieder seinen normalen Übungen. Auch Hsin Tao will er wieder einführen. Einfach wegen der Beweglichkeit.

Nun, aktuell gibt es nichts Neues. Jetzt muss erst einmal umgesetzt werden, was er bisher erfahren hat.

„Was ich richtig ‚geil' finden würde, lieber Meister Vywamus, ist, wenn wir wirklich in meinem Meditationsraum verschiedene Meister einlanden könnten uns ein Interview zu geben, bzw. eine Botschaft an die Menschheit zu übermitteln. Denkst du, dass das möglich werden könnte. Wie in deinem Buch über deine Friedensmission, - nur - eben als Video auf YouTube veröffentlicht. Wir fändest du das?"

„Das würde mir sehr gut gefallen. Ich werde darüber nachdenken, wie wir das in die Tat umsetzen können. Und denke daran, mein Freund, es ist keine Eile geboten. Alles wurde eingehalten. Auch in deinem persönlichen Lebensplan. Wenn du nun, im nächsten Schritt, deine Blockaden beseitigst, hast du erst einmal eine Menge Zeit…"

„Danke, Meister!"

27. November 2015
(07:26)
Heute ist sein Stimmung wieder sehr gut. Hoffentlich liegt es nicht daran, dass er wieder finanzielle Hoffnungen entwickelt. Schnelle Finanzhilfe erhofft. Eigentlich sieht seine aktuelle Stimmung so aus, dass er deutlich die LIEBE spürt und auch den Meister Vywamus. Und noch etwas hat er vorhin spüren können: Er wollte nur noch den Willen Gottes erleben. Einen eigenen Willen zu entwickeln erscheint ihm viel zu umständlich, denn Gottes Wille wird sowieso geschehen, dann kann er ihn auch gleich zulassen, zulassen ohne sich dagegen zu wehren, d.h. ohne den eignen Willen durchsetzen zu wollen.

Auch konnte er ‚sehen', wie sich das Audio verbreitet und vor allem, wie er sich dabei fühlt, wenn er es verbreitet. Es kommt auf das Gefühl an – das trifft auch auf die finanziellen Ideen zu. Das Gefühl macht die Musik!

Ja, mehr kann er nicht berichten. Ach doch, etwas war heute Morgen für ihn bemerkenswert: Als er sich zur geführten Meditation hingelegt hat, hat er das Gefühl gehabt, dass der Meister Vywamus neben ihm stehend zu jemand anderem gesagt hat ‚heute machen wir es'. Er hat kurz Angst bekommen, aber dann konnte er sich leicht in die göttliche Führung einordnen. Mehr war nicht gewesen, aber wenn die Gefühle das ‚a und o' sind, dann bedeutet es wohl etwas. Vielleicht ein kurzer Lichtblick, der ihn in die geistige Welt hat hineinhören und auch sehen lassen, denn zu dem Erlebnis gehörte auch ein optischer Eindruck.

„Meister, möchtest du mir noch etwas sagen?"

„Oh ja, sehr gerne. WEITERMACHEN! Haha!"

„Ja danke, darauf wäre ich jetzt nicht gekommen – haha!"

29. November 2015
(07:39)
Heute Morgen waren seine Empfindungen während der Übungen gut und erfreulich. Besondere Vorkommnisse sind ihm keine im Gedächtnis geblieben. Das Gleiche gilt für die vergangene Nacht. Sehr viele Träume, aber keine weitere Erinnerungen. Noch nicht, denn er spürt deutlich, dass seine Träume in sein Bewusstsein vordringen wollen.

Gottvertrauen scheint ein Schlüssel zu sein, nicht nur in der Theorie, sondern auch emotional.

Der gestrige Tag war schwierig, ohne besondere Vorkommnisse. Er war einfach schwierig zu ertragen. Was immer das auch war, was er als schwer empfand.

Energien, Geduldsübungen, die Ungewissheit, ob seine Friedensbotschaft sich schon ein wenig verbreitet hat und ob sein Sponsor inzwischen Geldmittel zur Verfügung gestellt hat…

Er darf das alles nicht so ‚schwer' nehmen. Das spürt er deutlich, los lassen, Gottvertrauen, das ist eindeutig der Schlüssel zu allem.

30. November 2015
(07:09)
Heute Morgen konnte er sich in der Meditation vorstellen, dass er ein kurzes Audio entwickeln kann, mit Meister Vywamus zusammen, dass die Menschen aufweckt und solange dies noch nicht stattfinden kann, Stichwort Blockaden, sollen sie beim anhören des Audio richtige ‚geile' Gefühle haben, sodass sie Lust auf mehr bekommen und im nächsten Schritt Blockaden entfernen… usw.

Die Einleitung in die Meditation erfolgt über die Atmung – drei Mal einatmen - beim Einatmen entspannen, beim Ausatmen alles loslassen – Ängste, Freude, Erwartungen. In einem Lichttunnel, wo am Ende ein Lichtraum ist, wo man sich hinsetzt, Kopfhörer aufsetzt und nur der Stimme lauscht (nach jedem Atemzyklus). Drei Phasen des Gesamtskripts:
1. Entspannung als Voraussetzung – Tunnel.
2. Botschaft – je nach Modul
3. Gefühl – so ‚geil', wie möglich, mit Lust auf mehr.

Drei Module:

1. Verschiebung der Polarität
2. Beseitigung der Blockaden
3. Aufwachen

Zunächst wird er diese Audios an sich ausprobieren und erst dann daran denken, dass sie veröffentlicht werden könnten. Zunächst geht es um sein persönliches Aufwachen.

Selbstverständlich werden die Texte der Audios von Meister Vywamus stammen.

Alles Weitere muss sich ergeben.

2. Dezember 2015
(07:15)
Gestern hat er seine Übungen vernachlässigt, ist aber dafür anderweitig vorangekommen. Er hat sich eine Strategie für sein Coaching ausgedacht und den ganzen Tag daran gearbeitet.

Auch hat er daran gearbeitet einen Meditationstext zu entwickeln, der ihn aufweckt. Dazu sind ihm heute Morgen noch eingefallen, dass sein ganzer Körper wie ein Hochhaus aufgebaut ist. Der Eingang ist in dem Basis - Chakra und die Zentrale befindet sich im 8., dem Seelen - Chakra. Das gesamte Körpersystem wird von Bewusstseinseinheiten gesteuert, die jeweilig für ihre Bereiche zuständig sind. Dies geht bis in die einzelne Zelle hinein. Diese Einheiten können angesprochen werden und es ist möglich mit ihnen Vereinbarungen zu treffen. Eigentlich warten diese Einheiten sehnsüchtig danach vom Gesamtbewusstsein angesprochen zu werden, dies geschah aber bisher immer nur unbewusst. Die Anweisungen, die das Gesamtbewusstsein aktuell noch an diese Bewusst-

seinseinheiten gibt, sind meist widersprüchlich und oft auch destruktiv. Das System wäre längst zugrunde gegangen, gäbe es nicht einige Grundprogramme, die es davor beschützt haben und die automatisch ablaufen. In der EDV würde man von ‚Routinen' oder von ‚Robotern' sprechen…
Dann ist ihm heute Morgen in der Meditation Jesus von Nazareth erschienen. Nun, er war heute das Lichtwesen. Ihm sind schon so viele Wesenheiten auf dieser Ebene erschienen, aber nie war das so, wie es mit Jesus, seinem Bruder ist. Er ist sich sicher, dass Jesus sein Bruder ist, oder anders gesagt, damals schon sein Bruder war und er mit ihm aufgewachsen ist.

Und was ihm dann aufgefallen ist, ist, dass dann Maria seine Mutter ist!!!!!!!!
Und Joseph sein Vater. Joseph von Arimatäa? Der Meister Saint Germain? Das würde erklären, warum er und auch der Meister irgendwie eine besondere Beziehung haben? …

Naja, auf alle Fälle hat er, als sein Bruder erschien, aufs heftigste weinen müssen. Beide Male.

3. Dezember 2015
(07:31)
Heute Morgen sind ihm wieder verschiedene Wesenheiten bei seinen Meditationen erschienen. Einige, die er nicht erkennen konnte, aber ihre Energie spürte und dann ein ganz und gar blaues Wesen. Sein Körper war in den verschiedensten Blautönen. Mit ihm konnte er sprechen. Nur ganz allgemeines über seinen Körper, die Farbe und das auch seine Innereien anders sind als die der Menschen und dass er kein Mensch ist.

Dann erschien ihm Meister Bardon, der ihn an die LIEBE erinnerte, die er ihm vor langer Zeit geschickt hat. Damals als er dachte er sein die Reinkarnation von Meister Bardon.

Ja und dann, hat er seine Mutter Maria getroffen. Leider war dieser Kontakt noch nicht so intensiv, wie er sich das wünschen würde. Allerdings, zeitweise war schon deutlich ein Gefühl zu verspüren, dass er gerne intensiver erleben würde.

Ansonsten, soll er daran arbeiten, seinen Körpertempel genauer zu erkennen und die einzelnen Ebenen besuchen.

Na dann, weiß er ja was zu tun ist...

5. Dezember 2015
(07:44)
Heute kann er von keinen besonderen Ereignissen berichten. Alles muss besser eingeübt werden. Also, wieder einmal abwarten und Tee trinken?

Sicherlich ist das neue Audio verbesserungsfähig und er wird, sobald sich die Zeit dafür ergibt, es verbessern evtl. auch HemiSinc dabei verwenden. Vielleicht auch das Neurophon? Würde beides auf alle Fälle zusammenpassen.

Naja – wie gesagt – abwarten.

11. Dezember 2015
(07:21)
Wow, er hatte das Gefühl, dass er für drei oder vier Tage nichts notiert hat. Naja, es waren wohl fünf Tage.

Ja, es ist viel geschehen, was aber immer noch nicht zu einem äußeren Ausdruck geführt hat.

In seiner heutigen Meditation ist ihm aufgefallen, dass es nicht nur für die Tabakpflanze gilt, dass sie von den Rauchern besitz ergreift. Auch andere Pflanzen lassen sich gerne in den Menschen hineinziehen, also rauchen. Haha.

Tja, aber so wirklich hat er momentan nichts mitzuteilen, obwohl einiges geschehen ist, auf der emotionalen Ebene und daher ist es sehr schwierig zu beschreiben.

Aktuell arbeitet er daran, die Meditationen für die Reise durch die Chakren zusammenzustellen. Dann will er diese Reisen auch unternehmen und dann hofft er, dass er seine DNS Stränge wieder aktiviert bekommt…

22. Dezember 2015
(07:25)
In letzter Zeit hat er nur sehr wenig Bedürfnis verspürt seine Erlebnisse aufzuschreiben. Ausgerechnet, wo soviel geschehen ist. Aber was eigentlich ist geschehen?

Mal von Hinten angefangen:
- er hat den Meister Vywamus kurz sehen können und dabei den Eindruck gehabt, dass er ihn schon sehr, sehr lange kennt.
- Er hat ein Wesen gesehen und starke Emotionen zu ‚ihr' gehabt. Ein Wesen von den Plejaden, dass uns unsere DNS Stränge reaktivieren kann. Außerdem scheint es ihm die ‚Frau' zu sein, die damals die Lottogewinne verteilt hat. Das Wesen heißt Gwendolyn und der Meister Vywamus hat ihn darauf hingewiesen, dass, wenn er dieses We-

sen trifft, sie ihm zeigen möchte, dass sie ihn mag. Er soll ihr zeigen, dass er sie liebt, wie er alle Wesen auf dieser Ebene liebt…
- Dann hat er bereits verschiedene Chakras besucht. Am Auffälligsten erscheint ihm im Moment, dass er den Sinn des Sakralchakra nicht kennt. Oder anders gesagt: Worin liegt der Sinn der Sexualität?
- Am heiligen Abend oder dem darauffolgenden Morgen, will er Gwendolyn besuchen und sie darum bitten, dass sie ihm seine DNS Stränge wieder reaktiviert.
- Dann hat er bisher des Öfteren mit seinen Ängsten, ganz allgemein und speziell auch seine Angst um Julia, bearbeiten müssen.
- Ja, und dann ist auch das Thema Tod inzwischen verstärkt aufgetreten. In der Literatur, allerdings auch in seinen eigene Überlegungen.

Insgesamt hat sich sein Bewusstseinzustand deutlich verändert, seit er die Lehren von Meister Vywamus in sich aufnimmt.

Zeitweise kann er eine sehr, sehr große Nähe zu dem Meister Vywamus spüren und auch zu der Welt aus der er hervorgeht. Auch der Kontakt zu der Intergalaktischen Friedensmission erfreut ihn sehr und hat ebenfalls sein Bewusstsein sehr erweitert. Allerdings sieht er hier kein so rechtes Vorankommen im physischen Bereich. Aber das wird sicherlich noch. Die Arbeit mit den russischen Erkenntnissen liegt derzeit bei ihm brach, aber er wird sicherlich zu gegebener Zeit wieder darauf zurückkommen. Spätestens, wenn er Berti zurückholt.

25. Dezember 2015
(07:12)
Es fällt ihm sehr schwer zu beschreiben was aktuell alles geschieht – innerlich – es ist soviel zu tun und sowenig Zeit vorhanden um irgendetwas Zusätzliches zu machen. Irgendwie kann er momentan ‚nur geschehen lassen'.

In ihm findet eine deutliche Veränderung statt. Es sind vor allem seine Gefühle die sich deutlich verändern – toleranter und verständnisvoller. Er spürt recht deutlich – zeitweise – Meister Vywamus. Und die LIEBE, die seine (Wills) Seele ihm entgegenbringt.

Auch die Arbeit an den Chakren beschert ihm neue Erkenntnisse, die allerdings nicht immer gerade angenehm sind. Es scheint aber überall kurzfristige Lösungen möglich zu sein. Außerdem, was sind ein paar Jahrzehnte, wenn man Jahrhunderte auf der Erde verbringt. Das Gute ist, dass man, mit Erlaubnis der Seele, aufsteigen kann und sich erst später der endgültigen Klärung der Chakras widmen kann. Zumindest, wenn man soweit in seinem Bewusstwerdungsprozess voran gekommen ist, dass man das erkennen kann.

Im Äußeren hat er immer noch Probleme mit Julias körperlichem Zustand. Aber das scheint mit dem Wurzelchakra zu korrespondieren. Dort hatte er ja die Botschaft erhalten, dass außer einer Existenzangst auch eine Verlustangst vorliegt. Beides muss noch bereinigt werden. Er denkt, wenn er seine Ängste in Bezug auf ihre Gesundheit überwinden kann, dann wird bei ihr sofort eine Genesung eintreten.

Interessant und neu für ihn ist, dass auch eine gelesene Meditation wirkt, d.h. es ist nicht unbedingt nötig sich in eine Trance oder ähnliches zu versetzen, es genügt bereits ein gute Entspannung, bei der auch die Augen geöffnet sein können, zumindest zeitweise.

Nun, das ist bereits alles – hört sich nach nicht gerade viel an – beschäftigt ihn aber komplett. Sicherlich werden sich aber auch neue Sichtweisen öffnen und ihm neue Möglichkeiten einer Lösung bescheren.

29. Dezember 2015
(07:10)
Momentan fällt es ihm äußerst schwer irgendetwas zu seiner Entwicklung zu sagen. Daran hat sich bis jetzt nichts geändert.

Bei seiner heutigen Meditation hat er von seiner Seele die Erlaubnis erhalten, dass er in die höheren Chakras aufsteigen darf, wenn er von Meister Vywamus begleitet wird. Das empfindet er als eine sehr gute Nachricht.

Auch die Vereinigung mit seiner Seele ist heute sehr intensiv, aber auch erotisch gewesen. Diese Gefühle kann er aktuell nicht einordnen. Kann man auf seine Seele ‚geil' sein? Seine Seele meinte dazu: ‚wenn es der Vereinigung dient'. Wie auch immer – seine Gefühle waren sehr stark und er konnte sich vorstellen, innerlich einen Höhepunkt zu erleben…
Tja, mehr fällt ihm nicht ein.
Doch, gestern hat er klar von Meister Vywamus gesagt bekommen, dass er die Reise zur Aktivierung der DNS erst antreten darf, wenn er frei ist von künstlicher Bewusstseinserweiterung.

Da sich das die nächsten Tage von selbst ergibt – gerne.

30. Dezember 2015
(06:52)
Als er heute Morgen seine Seele besuchte, gab ihm diese zu verstehen, dass es auch ihr innigster Wunsch ist, sich mit ‚ihm' (wer ist das jetzt eigentlich?) zu vereinigen.
‚ … und dies in einem Ausmaß, wie du es dir noch nicht vorstellen kannst'.

Er soll die Vereinigung mit ihr, ihr überlassen. Er soll sich lediglich öffnen für sie. Den Rest wird sie auslösen.

„Meister, wer bin jetzt eigentlich ich?"

„Das ist sehr nett, lieber Will, dass du mal wieder etwas fragst. Für mich ist es unverständlich, warum jemand, der die große Gnade erhalten hat, sich mit mir und durch mich mit der gesamten Geistwelt unterhalten zu können, diese Unterhaltungen nicht ständig nutzt?

Nun, lieber Will, du fühlst es gerade richtig – das kam nicht von mir. Es ist aber ein interessanter Gedanke, den ich gerne aufnehmen möchte.

Dieser Gedanke kam jetzt von deinem Gewissen. Du hast dir Regeln aufgestellt, wenn du sie nicht einhältst meldet sich dein Gewissen. Eigentlich praktisch sich einen solchen ‚Reminder' einzubauen. Gute Arbeit. Haha.

Deine Frage will ich dir so beantworten: Du bist das Ideal von dir. Also die Urmatrix, wenn du so willst.

Wie du jetzt gleich bemerkt hast, ist das aber nicht der, der die Frage gestellt hat. Die Fragen kommen von deinem Verstand, der sich noch als begrenztes Wesen erfährt.

In dem Moment, wo du in die Freiheit, die Einheit hinein erwachst, in der du dich immer aufgehalten hast, erkennst du auch dich, weißt wieder wer du bist und warum du das alles machst. Genauer kann das dein Verstand nicht erfassen. Muss er auch nicht.
Derzeit liegt folgende Situation im Menschen vor: Er hat vergessen wer er ist und woher er kommt. Das war ja so geplant. Allerdings war auch das Ende dieses Versuches geplant und deshalb soll er sich jetzt wieder erinnern.

Wenn ich mich eurer Sprache bedienen soll, dann müsste ich euch als riesig große Wesen beschreiben. Rechnet mal, das achte Chakra liegt ungefähr 30 cm über eurem Scheitel. In die ‚Höhe' gibt es 21 Chakras. Also 14 ‚über' eurem Körper. Da kommt man leicht auf über fünf Meter Größe. Wenn du bis zum 21igsten Chakra aufgestiegen bist, dann hast du einen ganz anderen Blickwinkel. Ähnlich wie man das von den ‚Götterdarstellungen' der Griechen kennt. Du schaust aus dem ‚Olymp' heraus auf die Erde und ihre Begebenheiten…

Wie du siehst, spreche ich hier von einem Blickwinkel, der den Göttern zugeordnet wird. Daraus könntet ihr schließen, dass ihr hoch entwickelte Wesen seid, die aus Spaß, Lust und Spiel, aber auch aus wissenschaftlichen Gründen sich diesem Versuch unterzogen haben.

Das wäre so ungefähr eine Beschreibung, die dein Verstand noch verstehen kann.

Bis jetzt. Dein Verstand wird auch wachsen und größere Zusammenhänge ‚verstehen' können.
Aber das bist nicht du. Auch wenn der Verstand anscheinend wichtige Fragen stellt. Der Verstand ist eine Art ‚Körperteil' von dir, von diesem riesigen Wesen, das du bist.
Und das trifft auf jeden von euch zu, ohne jede Ausnahme. Ihr alle seid so riesige Wesen.

Nun, wie ich bemerke, möchtest du hier an dieser Stelle erst einmal eine Pause einlegen. Gerne.
Gerne immer alles in eurer Geschwindigkeit.

Meine Angebot, lieber Will, dass du gerne öfters hier mit mir ‚sprechen' kannst, steht. Jederzeit herzlich willkommen."

„Danke, lieber Meister Vywamus. Ich will mein Bestes geben. Da ich – wer jetzt, der Verstand? – meine Fragen auf das ‚Nachher' verschieben kann, habe ich aktuell nur Fragen, die meinen Aufstieg betreffen.

Da das aber aktuell für mich vor allem darum geht die geistige Welt mit allen ihren Wesen zu fühlen, weiß ich nicht wie ich darüber sprechen soll.

Aber ich werde sehr gerne dein Angebot annehmen und es auch öfters nutzen. Deshalb habe ich ja den ‚Reminder' eingerichtet. Haha.

„Haha. LIEBE Grüße!"

31. Dezember 2015
(07:28)
Heute Morgen gab es eine Menge Ereignisse während seiner Meditation. Zuerst hat er erkannt, dass seine mittelalterliche Inkarnation noch existiert und auch diese Inkarnation noch beeinflusst. Es fällt ihm schwer dies genauer zu erklären. Er konnte sehen, dass von dort aus Kraft und eine Menge Selbstbewusstsein strömt.

Das scheint im Moment gerade so, dass er es schaffen sollte, alle diese Inkarnationen unter ‚einen Hut' zu bekommen.

Nun ja, dann war da noch die Begegnung mit seiner Seele. Diese stellt sich ihm immer in einer erotischen Verkleidung dar. Sie erklärt es ihm so, dass sie alle Formen annehmen kann und es nur darauf ankomme eine Vereinigung mit ihm zu vollziehen.

Sie erklärte ihm weiter, dass er das Körperbewusstsein ist. Diesem soll bewusst gemacht werden, dass es mit weiteren, feinstofflicheren Körpern verbunden ist. Wie dies erreicht wird scheint seiner Seele egal zu sein.

Da meldet sich sein mittelalterliches Mönchsbewusstsein und belehrt ihn, dass es nicht der Körper ist der eine Seele hat, sondern umgekehrt, es die Seele ist, die einen Körper hat.

Auf alle Fälle muss eine bewusste Vereinigung dieser beiden und auch aller anderen vollzogen werden. Diese Vereinigung ist allen anderen Körpern bewusst, jetzt soll auch der physische Körper zu diesem Bewusstsein erwachen.

Dazu gehören auch alle Bewusstseinsteile aus allen Inkarnationen und sonstigen Räumen.

Alle sind bereits eins, allen soll dies bewusst werden und somit ein umfassendes Bewusstsein entstehen. Das ist der Aufstieg.

Dies alles hat ihm heute Morgen seine Seele bewusst gemacht.

Leider ist die Umsetzung dann weniger einfach.

Anscheinend scheint seine Seele bereit dazu zu sein, dass sie sich mit ihm sexuell vereinigt. Das wiederum kann er sich nicht vorstellen. Das scheinen ihm ‚perverse' Gedanken zu sein. Gedanken, die anstößig sind. Diesen Konflikt muss er jetzt lösen.

Seine Seele meinte dazu, dass, wenn er einen anderen Vorschlag machen würde, wie die Vereinigung vollzogen werden könnte, dann wäre sie herzliche gerne bereit mit ihm diesen Weg zu gehen. Hauptsache eine bewusste Vereinigung!

Er denkt, dass dieser Konflikt nicht sein müsste und er das Angebot eigentlich annehmen sollte. Zumal sie jede Form annehmen kann, die ihm gefällt. ..

„Puh, was für Gedanken – oder? Bitte Meister, sage mir etwas dazu."

„Tja, Sorry, aber das musst du selbst lösen."

„Kannst du mir wenigstens einen Tipp geben, einen Hinweis?"

„Ehm, was würdest du am Liebsten tun? Was würde dir am Meisten Spaß machen? Vielleicht ist das ein Anhaltspunkt?"

„Ja klar, vielen Dank Meister Vywamus. Darauf hätte ich eigentlich selbst kommen können."

Nun will er sich seinen häuslichen Aufgaben widmen. Das ganze muss auch erst einmal ‚sacken'. Das war echt eine Menge und glücklicherweise recht emotionales Erkennen. Amen.

(10:34)
Vorhin hat er vergessen, dass er während der Meditation folgendes ‚gesehen' hat.

Er sah die LIEBE, den Frieden, die Hoffnung, verkörpert in Figuren, ähnlich denen wie man sie von den ‚Knetmännchen' in manchen Zeichentrickfilmen her kennt.

Allen voran sagte die LIEBE, dass sie jetzt auf ihr Recht bestehen würde, sich auszubreiten. Lange Zeit hätte sie darauf verzichtet, nun sei aber die Zeit gekommen, dass sie dieses Recht in Anspruch nehmen wird. Der Frieden stimmte ihr sofort zu und sagte, dass auch er sein Recht wahrnehmen werde und er sich über die ganze Welt ausbreiten wird…

Das Ganze fand in einer ‚Knetwelt' statt. Es wurde noch weiter ausgeführt und die LIEBE begründete ihre Entscheidung mehrmals. Der entscheidende Punkt war aber immer der, dass es ihr Recht ist und sie dies jetzt beanspruche.

Was widerspruchslos hingenommen wurde. Von wem ist ihm nicht ganz klar – aber es gab niemanden, der Einwände hatte. Und er spürte, dass ‚Alle' zugehört haben.

Naja, weitermachen…

1. Januar 2016
(07:08)
Heute Morgen hatte er keine spektakulären Erlebnisse. Für ihn ist die Frage der Vereinigung mit der Seele noch nicht gelöst. Wie soll die stattfinden?

Ja, er erinnert sich, dass die Seele ihn darum gebeten hat, dass er loslassen und sie alles weitere macht. Leider peilt er das aber nicht.

„Meister Vywamus, hilfst du mir bitte zu verstehen wie das weitergehen soll?"

„Ja klar. Immer weiter. Haha. Nun, dann will ich versuchen dir zu erklären um was es geht."

„Achso, und dann wollte ich dich fragen, warum ich gestern so schrecklich traurig gewesen bin? Sorry."

„Also, bei der ‚Vereinigung' geht es wie bei allem anderen um Bewusstwerdung. Du musst also nichts anderes tun als es zulassen, dass es sich in dir breit macht. Dieses Bewusstsein der Einheit.

Die Schwierigkeit besteht darin, dass du dies von ‚deiner Seite' aus auslösen willst. Das, was du vergessen hast sich aber auf

der ‚anderen Seite' befindet. Von dort muss es auch zu dir strömen.
Sicherlich hast du schon in den verschiedensten Schriften davon gelesen, dass der letzte Schritt vor der Bewusstwerdung von Gott ausgelöst werden wird. Und dass dieser Schritt eine Gnade darstellt.

In froher und felsenfester Überzeugung, dass alles geschieht, nehme locker und spielerisch deinen Alltag an. Wie es in der Schrift ‚Die Wissenschaft des reich Werdens' beschrieben ist. Übe dich in Demut und in der Anwendung der Energie, der Kraft.

Alles andere geschieht ganz von selbst."

„Fein, dann will ich mich entspannen und üben dies zu tun. In der Meditation werde ich ebenfalls versuchen diese Linie zu verfolgen. Vielen Dank, Meister Vywamus!"

„Immer wieder gern, haha."

So richtig peilt er es zwar immer noch nicht, aber auch das muss sich erst mal setzten. Dann wird er weitersehen. Irgendwann wird er wieder erlöst sein. Davon ist er überzeugt. Bis dahin kann er nur ‚rudern'. Haha…

4. Januar 2016
(12:07)
Vorgestern hat er folgende Ideen erkannt:
1. Hatte er ja das Problem, dass es für ihn schwierig war den Spagat zwischen Selbstbewusstsein und Überheb-

lichkeit zu schaffen. Nun, der Schlüssel dafür ist die Demut.
2. Die ICH BIN Identifikation, soll vom Körperbewusstsein aufsteigen zu seinem höchsten Selbstausdruck. Der nächste Schritt dabei ist die Identifikation mit der Seele im achten Chakra.
3. Hat er eine Idee für sein Friedensprojekt erhalten. Es muss systematisch für den Frieden Werbung platziert werden. Wo immer es möglich ist. Werbung, die insgesamt aufeinander abgestimmt ist.
4. Aus dem Friedenskonzert könnte eine Partei erwachsen. Die 1. deutsche Friedenspartei.

Naja, heute hat er einen Text gelesen, der von Lee Carol kanalisiert wurde und von Kryon stammt. Er weiß nicht genau wer oder was das ist, aber der Text hat ihn umgehauen. Dort stand, dass die Re-Kalibrierung 2016 beendet wird und alle Lichtarbeiter dann auf die neuen Energien ausgerichtet sind. Das bedeutet für diese, dass sie zuhause angekommen sind. Da brachen bei ihm alle Dämme.
Zuhause – Ende der Umstellung – Zum Schluss alles gewonnen – wie er sich das wünscht...

8. Januar 2015
(07:17)
Leider ist er momentan etwas ‚am Schwimmen'. Er schafft es nicht, sich an seine Übungen zu halten und übt ‚wild' darauf los.

Dabei kommen dann trotzdem einige wichtige Meditationen zustande, die sehr wichtig und intensiv sind. Auch kommt er, zwar langsam aber kontinuierlich mit seinen Audioaufnahmen voran.

Für ihn ist das aber alles so unübersichtlich und es bereitet ihm Zweifel, die er aber durchaus dann überwinden kann. Richtig zweifeln ist ihm – Gott sei dank – anscheinend nicht mehr möglich.

Vor einigen Tagen, er glaubt am 5. Januar, weiß es aber nicht mehr genau, hat er eine Meditation gemacht, bei der er drei seiner DNS Stränge reaktiviert hat. Mit Hilfe von Gwendolyn, die sehr erfreut war ihn zu sehen. Er mag sie auch.

Von den ‚neuen Strängen', kann er bisher eigentlich nichts bemerken. Wenn er die Augen zu macht, dann hat er zwar das Gefühl, dass es vor seinem inneren Auge ‚heller' ist, aber das kann er nicht als Anzeichen werten. Dennoch ist es seit dem ersten Moment der Feigabe so und wenn er richtig überlegt, geht es ja bei der Aktivierung der DNS um mehr Licht. Also vielleicht doch ein Anzeichen?

„Meister bitte kannst du mir dazu etwas sagen? Ich fühle mich aktuell – haha – du meinst also, ich soll nichts Schlechtes über mich aussagen? OK, gerne."

„Genau das meine ich. Und übrigens – es geht derzeit in erster Linie darum das Göttliche in dein LEBEN zu integrieren, bei wachsendem Bewusstsein. Das übst du doch täglich und eigentlich andauernd…

Eine Anregung. Du könntest mehr daran arbeiten, etwas für andere Menschen zu tun. Das betrifft das Schreiben – du schreibst ja für deine Leser – das gilt auch für Raucherentwöh-

nungen und Visio Nova Arbeit. Das sind Ansatzpunkte, für eine Steigerung deiner Bemühungen.

Falls du nach solchen suchst, Haha."

„Direkt danach gesucht habe ich nicht, haha, aber ich bin dir trotzdem sehr dankbar dafür, dass du mir diese Tätigkeiten in ein anderes LICHT gerückt hast.

Die ganze Zeit gehe ich davon aus, dass die Raucherentwöhnungen nur eine ‚Pflichtveranstaltung' darstellen und das Schreiben nehme ich überhaupt nicht wichtig. Das betreibe ich eigentlich nur, um meine Erinnerung daran zu behalten. Und für die Visio Nova Arbeit fehlt mir bisher noch der richtige Einstieg. Nicht generell, ich denke zu wissen was ich zuerst machen muss, sondern für mich selbst.

Dies gilt aber für meine Tätigkeiten überhaupt. Ich habe bisher noch keine Routine gefunden, was aber nur eine Frage der ZEIT IST; BIS ICH DIESE ENTWICKELT HABE: Hm, jetzt bin ich aus versehen auf die falsche Taste gekommen und dadurch wurden die Buchstaben alle groß geschrieben. Will mir das etwas sagen und wenn ja, was?"

„Wenn das eine Frage an mich gewesen sein soll, dann kann ich dir dazu sagen, dass es wichtig ist, nach solchen Zeichen Ausschau zu halten. Immer und überall. Gott spricht ständig zu uns.

Speziell drückt es dein schlechtes Gewissen aus. Das hatten wir vor Tagen schon, dass dein ‚Reminder' dich zu deinen – wohlgemerkt deinen – Regeln anhalten will.

Eigentlich sollte deine Regel die sein, dass du alles fließen lässt und dich ständig an diesen Fluss anpasst. Also eigentlich ohne Regeln für Übungen voran schreitest.

Dennoch bin auch ich der Meinung, dass es für dich – also keinesfalls für alle deine Leser – von Vorteil wäre, wenn du dir einen Plan machst und diesen abarbeitest. Dann wirst du wahrscheinlich am Schnellsten voran kommen."

„Huch, Leser? Daran habe ich überhaupt noch nie gedacht, dass jemand meine Bücher lesen könnte und dass, sozusagen jetzt Leser ‚anwesend' sind. Haha. Darauf musste ich erst einmal kommen. Danke, Meister!"

„Gerne, auch ich bin daran interessiert, dass du voran kommst. Dabei musst du lernen, dass dein spirituelles Vorankommen eher eine Art andauernde Nebenbeschäftigung ist, während du für andere unterwegs bist, anderen deine Hilfe gibst. Natürlich nur, wenn sie diese auch wollen.

Im Übrigen, die Intergalaktische Friedensmission ist dabei, deine Bewerbung zu prüfen und du wirst bald von uns hören."

„Uff, kann es auch sein dass ich nicht genommen werde? Bisher gehe ich davon aus, dass, falls es meine Aufgabe ist dort mitzuarbeiten, es selbstverständlich ist, dass ich, sobald ich die entsprechende Reife habe, dort anfangen kann, oder sogar muss?!"

"Nee, so ist das nicht. Alle Aufgaben müssen innerhalb eines bestimmten Zeitrahmens – der nichts mit eurem Verständnis von Zeit zu tun hat – erledigt werden. Solltest du zu diesem Zeitpunkt nicht bereit sein, dann wird es anders geregelt werden. Dann wird es eine Gelegenheit geben, wenn du dann mehr gereift bist, wo du eine gleichwertige Aufgabe erfüllen kannst.

Du würdest also nicht abgelehnt werden, sondern zu einer anderen Gelegenheit, vielleicht auch eine andere Art, aber ebenbürtige Aufgabe übernehmen."

Das bedeutet für ihn, dass er eigentlich alles so weiter machen sollte wie bisher. Allerdings ohne Stress.

„Wenn es nicht diese Aufgabe ist, dann eine andere..."

"Nee, so habe ich das nicht gemeint. Wir brauchen dich JETZT und du bist fest eingeplant. Ich wollte dir lediglich klar machen, dass es keineswegs selbstverständlich ist, dass du aufgenommen wirst.

Du hast dich beworben und wir prüfen jetzt deine Bewerbung. Sobald die Entscheidung gefallen ist, wirst du von uns hören. Bedenke dabei aber auch, dass du für uns völlig durchschaubar bist. Verheimlichen kannst du uns nichts, wir wissen exakt wo du in deiner Entwicklung stehst.
Unsere Entscheidung wird also in jedem Fall, ganz und gar dir entsprechen und dein Vorankommen fördern.

Somit kannst du dich persönlich entspannen.

Aber, ich möchte dich noch einmal daran erinnern, dass deine Tätigkeiten für die anderen da sind.

Möchtest du ihnen helfen oder nicht? Dazu gehören auch die Raucher."

OK, das hat gesessen. Er freut sich aber darüber, wenn er klare Worte gesagt bekommt. Dann weiß er wo er dran ist.

11. Januar 2016
(06:56)
„Meister kannst du mir bitte sagen, wieso ich so viele Ängste habe und wovor genau habe ich die eigentlich? Ich bin anscheinend voller Angst ohne zu wissen wovor ich die eigentlich habe. Die Ereignisse an denen ich das äußerlich festmache sind normalerweise kein Grund um mich zu fürchten. Dennoch tue ich es?"

„Mein Lieber Freund. Du hast mein volles Mitgefühl.

Ich erlaube mir dich an meine Bücher zu erinnern, in denen ich eine Menge über Angst geschrieben habe.

Zusätzlich möchte ich dir persönlich sagen, dass deine Angst daher rührt, dass du vor vielen Jahren mit ‚Gewalt' deine finanzielle Lage verbessern wolltest. Das ging schief und damals hast du dein Vertrauen in die göttliche Führung verloren.

Wer das Vertrauen in Gott verliert, wird von Angst geplagt. Es gilt also wieder Gottvertrauen zu entwickeln."

„Ja, danke Meister, aber das wusste ich schon und leider hilft es mir nicht. Kannst du mir nicht noch tiefer gehende Erkenntnisse dazu übermitteln?"

„Das geht nur bedingt, denn bestimmte Problematiken müssen von dir gelöst werden.

Aber, ich kann dir noch soviel sagen: Deine Angst wird sich bald erübrigen. Sie entsteht in erster Linie dann bei dir, wenn es darum geht Geld zu erhalten oder zu erarbeiten. Hierin ist deine hauptsächliche Angst begründet.

Dies wird sich aber sofort lösen, wenn du die Erleuchtung erreicht hast, oder, wie du es nennst, aufgewacht bist. Dies hängt damit zusammen, dass dein Mangelgefühl dich all die Jahre dazu angetrieben hat, nach spirituellen Lösungen zu suchen.

Deshalb bist du heute so weit, wie du es bist. Das hast du genau genommen deinem Geldmangel zu verdanken. Diesen hattest du dir, mit deiner Seelenführung und deinen anderen Helfern und Ratgebern und den anderen Beteiligten an deinem LEBEN, so vereinbart.

Sobald du also aufgewacht bist, wirst du sofort erkennen wo das Problem liegt und es beseitigen, was den Geldfluss zu dir auslösen wird.

Also – wach auf – Haha."

„So habe ich mir deine Antwort aber nicht vorgestellt. Ich habe gehofft, dass du mir etwas an die Hand geben kannst, was mir Ruhe und Vertrauen geben wird."

„Das ist der Teil, bei dem ich dir momentan nicht helfen kann. Das Vertrauen muss von dir kommen. Ich habe Vertrauen – übrigens auch zu dir – und genau wie wir alle, musst auch du dieses dir selbst erarbeiten, sonst könntest du nichts damit anfangen.

Vielleicht kann dir das helfen: Wenn du Geldverdienen loslässt und an deinen Projekten nur wegen der sich darin befindlichen Aufgabe arbeitest und Geld völlig außen vor lässt, dann werden die Projekte laufen. Und dann kommt alles in Fluss."

„Danke, Meister, aber das habe ich auch schon gewusst. Wo ist die Botschaft, die für mich neu ist und die mir weiterhilft?"

„Diese Botschaft liegt in deinem Inneren und wenn deine Seele diese frei gibt, dann wirst du sie erhalten."

„Wie soll ich also weiter vorgehen?"

„Weitermachen. Deine Chakra - Arbeit, deine Reinigungsarbeiten. Dein System ist noch nicht ‚rein' genug um weiter nach oben steigen zu können."

„Ins elfte Chakra? Werde ich dort die Lösung für meine finanziellen Nöte erkennen und umsetzen?"

„*Hm, junger Mann. Gute Arbeit. Haha. Ja genau, wie es in meinem Buch steht. Haha – kommt das überraschend für dich? Haha.*"

„Überraschend für mich ist, dass du mir heute Morgen nichts Konkretes mitteilen willst oder kannst.

Leider habe ich ein wenig die emotionale Nähe zu dir verloren. Kannst du mir dazu etwas Neues sagen?"

„*Etwas Neues nicht. Woran das liegt, weißt du auch schon – daran, dass du mit künstlicher Bewusstseinserweiterung eine Nähe zu mir aufgebaut hast. Da dies auf Dauer aber nicht funktioniert –warum, kannst du in meinen Büchern lesen, Haha -, musst du jetzt diese wieder neu aufbauen.*

Aber mach dir keine Gedanken, das schaffst du ganz leicht."

„Danke, Meister, dann will ich sehen, dass ich die Chakra - Arbeit zuverlässig fortsetze.

Kannst du mir bitte noch sagen, ob die Freigabe der drei DNS Stränge erfolgreich war? Spüren kann ich bis jetzt nichts davon, außer, dass ich anscheinend mehr LICHT vor meinem geistigen Auge sehe. Was allerdings nicht wirklich eindeutig ist."

„*Warum misstraust du dir? Und allen, die dabei geholfen haben? Meister, Engel, deine Seelenführung – gibt es jemanden dem du nicht misstraust? Haha.*

Merkst du, dass du dich im Kreis drehst?

Vielleicht habe ich doch noch einen Trost für dich. Ja klar, das weißt du natürlich auch schon. Dennoch, bedenke, dass das Aufgeben der künstlichen Bewusstseinserweiterung dich natürlich ‚runter geholt' hat und dass du eine gewisse Zeit brauchst um wieder ‚hoch' zu kommen. Nimm dir diese Zeit. Und mache dir keine Gedanken um Geld. Erinnere dich, dass dir Meister Saint Germain versprochen hat, dass er zu gegebener Zeit für die nötigen finanziellen Mittel sorgen wird.

Vielleicht versuchst du es einmal mit Vertrauen? Haha!"

„Ja, danke Meister!"

Damit anfangen kann er eigentlich nichts. Er ist sich noch nicht einmal sicher, ob er heute Morgen überhaupt mit dem Meister Vywamus spricht, oder ob er nur mit sich selbst redet. Denn Neues und tiefgehendes sieht seiner Meinung nach anders aus.

Aber er will aufhören alles beurteilen zu wollen und wird jetzt in seine normale Routine verfallen. Haha.

„Galgenhumor", denkt er und hat dabei sofort ein schlechtes Gewissen, dass er wieder einmal etwas beurteilt hat und leider auch noch negativ.

„So ein Mist. Wann werde ich endlich nicht mehr im Dreck wühlen müssen? Wann kann ich endlich aufsteigen?"

„Immer schön ruhig bleiben, Schätzchen. Alles ist gut und wir werden uns bald physisch gegenüber stehen. Falls du deine Reinigungsarbeiten ordentlich durchziehst.

Und, ich freue mich sehr darauf, dich körperlich in meine Arme nehmen zu können."

Das war dann doch noch eine Nachricht, die ihn emotional berührt hat. Dann kann es also weitergehen. Gott sei Dank!

Wenn er nur wüsste. Wie er all das loslassen kann.

„Wie geht das Meister?"

„Indem du einfach loslässt. Ich bin bei dir und helfe dir doch. Wieso willst du weiterhin ‚alles im Griff' haben? Wenn Gott dich führt, dann höre auf zu fragen, sondern folge ihm. Er weiß schon was für dich gut ist.

Ich spreche von Gott, der in dir ist. Ich bin nur sein Diener. Sein und dein Diener, Haha."

„Nochmals, Danke Meister. Vor allem auch für deine Geduld, die du mir, einem ungeduldigen Kind entgegenbringst."

Jetzt wird ihm nur noch ein Tee helfen können und später dann seine Arbeit an dem Meditations- Audio zur Reinigung seiner Chakrawelten.

Das soll ja die Lösung sein. Die Reinigung. Also auf geht's.

12. Januar 2016
(07:16)

Heute Morgen konnte er wieder ein wenig Hoffnung schöpfen und seine Übungen machen. Allerdings ohne spektakuläre Ergebnisse. Eigentlich ohne irgendein sichtbares Ergebnis.

„Meister, hast du eine Botschaft für mich?"

„Eventuell könnte ich dir einen Hinweis geben. Wie wäre es damit: Geduld, mein Freund.

Ich kann dir allerdings auch mitteilen, dass du anscheinend besser voran kommst, als ich ursprünglich gedacht habe. Heute Morgen bist du recht hoch gekommen. Bis ins vierzehnte Chakra. Ja, ich weiß, deine Erinnerung und die Intensität deiner Erfahrung, genügen nicht deinen Ansprüchen.

Das könnte allerdings daran liegen, dass du Ansprüche hast. Haha. Je öfter du diese Meditation machst, desto intensiver werden deine Erfahrungen werden."

„Ja klar, das weiß ich. Und loslassen – und – üben, üben, üben. Uff."

Irgendwie ist ihm alles zuviel.

12. Januar 2016
(06:59)
Leider musste er heute Morgen feststellen, dass seine Meditationen noch nicht ausreichend Zeit geben, um die angestrebten Erfahrungen auszulösen. Gemeint sind damit, die Gespräche mit den Hüterwesen der einzelnen Chakras.

Jetzt merkt er, dass die von Meister Vywamus gegebenen sieben Minuten mit Sicherheit besser sind.

Dies wird dann allerdings schwierig werden auf einer CD unterzubringen und somit ist er auf den Gedanken gekommen, dass man alle Meditationen von Meister Vywamus in mp3's umwandelt und auf einem mp3 Player unter den Lichtarbeitern verbreitet.

Ja, dann will er heute noch einen Text für ein Video mit einem Friedensaufruf erstellen – mit Hilfe von Meister Vywamus, falls er bereit ist mitzuhelfen – und dieses Video auch heute noch aufnehmen.

Außerdem muss er auch in seinem äußeren Zuhause aufräumen und für Ordnung sorgen, so wie das auch in seinem Inneren zu geschehen hat.

„Meister, leider habe ich ein wenig die Nähe zu dir und allem was mit Aufstieg zusammenhängt verloren. Was kann ich nur tun um dies wieder zu verändern, um wieder mehr Nähe zu spüren und um diese noch soweit zu steigern, dass daraus ein echtes Nahekommen, eine tatsächliche Begegnung mit dir und deiner Welt stattfinden kann?"

„Wie wäre es mit Üben? Haha."

„Auf den Spruch habe ich gerade gewartet. Haha. Sicherlich kann ich noch mehr dafür tun, oder?"

„Na klar, noch mehr üben. Wenn es dir gelingt dich mehr als 50% deines Tages (24 Stunden) mit deinem Aufstieg zu befas-

sen, dann wird eine neue Dynamik auftreten, die dich in deine Heimat, dein wirkliches Zuhause katapultiert.

Wobei, die Arbeit für die Friedensmission ebenfalls als Übung gezählt werden darf.

Wie wäre es, wenn wir jetzt den Text zusammen entwickeln würden?"

„Ja klar, gerne!"

„LIEBE Facebook Freunde. Inzwischen habe ich hier sehr viele verschiedene Freunde gefunden, die alle völlig individuell sind und ganz unterschiedliche Meinungen zum Lebenssinn und auch zu den aktuellen politischen Gegebenheiten haben.

Bei all diesen Unterschieden und all den persönlichen Zielen die von den einzelnen Menschen angestrebt werden, gibt es doch etwas, was wir alle dringend benötigen, um überhaupt irgendetwas von dem zu erreichen, was wir uns alle wünschen.

Ja, ich meine Frieden.

Wir kennen doch alle aus dem Fernsehen, wie es in Kriegsgebieten aussieht. Wie könte man in einem solchen Umfeld z.B. eine Familie gründen oder planen – wie könte man eine berufliche Karriere planen – wie könte man den verdienten Ruhestand genießen, wenn rundherum Gewalt und Zerstörung herrscht?

Frieden ist die Basis für alles was wir uns wünschen und wir wollen doch, dass sich unsere Wünsche erfüllen, oder?

Darum bitte ich euch, dass wir alle gemeinsam einen Frieden erschaffen, der von deutschem Boden ausgeht. Einen Frieden, der sich wie ein guter ‚Virus' um die ganze Welt verbreitet. Einen Weltfrieden hervorruft.

Heute bietet sich die große Chance einen solchen Frieden auszulösen. Jetzt und hier in Facebook.

Deshalb möchte ich euch alle bitten, mit mir einen ersten Schritt zu gehen und bei der Gruppe ‚Allianz der LIEBE und des Friedens' Mitglied zu werden.

Natürlich kann dies nur ein Anfang sein, aber wir sind bereit weitere Schritte folgen zu lassen.

Wenn wir alle Zusammenhalten, dann haben wir eine reelle Chance einen wirklichen, echten Frieden zu erschaffen.

Ich danke euch für eure Aufmerksamkeit und
- ich hoffe auf euch!"

„Das gefällt mir sehr gut, Meister Vywamus.

Aber, wird sich ein solches Video auch tatsächlich verbreiten, oder wird es wieder eine Erfahrung wie die, die ich in Facebook bereits machen durfte?"

„Nun, mein Freund, deine Zweifel musst du selbst überwinden. Dies kann niemand für dich tun. Aber sie es doch auch einmal unter diesem Aspekt. ‚Steter Tropfen höhlt den Stein'.

Keine deiner Facebook Erfahrungen war umsonst. Und wenn du nur eine Person zum Nachdenken gebracht hast, dann hat sich die Arbeit bereits gelohnt."

„Ja, das verstehe ich, Meister. Ich werde also nachher sehen, dass ich das Video aufnehmen kann.

Ich danke dir ganz herzlich, dass du mir bei dem Text geholfen hast!"

„Gerne, mein Lieber!"

Nun, wie er seine Zweifel überwinden soll, ist ihm im Moment ein Rätsel. Aber es stimmt, wenn auch nur ein Mensch dadurch zum Frieden geführt wird, dann hat sich die Mühe gelohnt.

In diesem Sinn will er sich dann voller Freude an die Arbeit machen.

15. Januar 2016
(07:45)
Heute Morgen hatte er es sehr schwer die Disziplin aufzubringen, die er für seine Übungen benötigt. Er hat sie aufgebracht und somit kann er zufrieden sein. Größere Erkenntnisse scheint er aber keine gehabt zu haben.

Nun, alles ist gut!

Er wird einfach weitermachen und sehen was dann geschieht.

Ach ja, eine Erkenntnis gab es schon: **‚loslassen'** bedeutet **‚zulassen'.**

Fein, nicht wirklich eine neue Erkenntnis, aber immerhin. Leider weiß er nicht wie man ‚loslässt'.

„Wie soll ich das machen, Meister?"

„Nun, das wirst du nur können, wenn du genügend Vertrauen zu Gott und seinen Helfern hast. Solange du denkst, dass du etwas zu tun hast, wird's schwierig.
Also übergibt die Führung an Gott. Das bedeutet ‚loslassen'!"

„Vielen Dank. Klar, das wusste ich schon, aber dennoch, so auf den Punkt gebracht, fühlt es sich anders an."

Das gibt ihm zu überlegen. Wie soll das im Alltag aussehen, wie bei den Meditationen?

Naja, da ist noch einiges was ihm noch nicht bewusst ist. Aber er wird auch das zu gegebener Zeit erfahren und in die Tat umsetzen.

Alles Richtige geschieht zur richtigen Zeit!

Dieser Satz war ihm lange Zeit sein Leitmotiv. Er ist ein wenig in den Hintergrund geraten, aber mit Sicherheit immer noch genauso wirksam wie in den Anfängen seines bewussten Suchens vor über vierzig Jahren.

Dann ist ihm gestern noch etwas aufgefallen: Es ging anscheinend auch um das ‚Loslassen'. Er hat erkannt, dass das ‚Positiv Denken' vereinfacht werden kann, indem ihm bewusst ist, dass er mit jedem Gedanken eine Entscheidung fällt. Natürlich will er sich immer für die ‚Positive Variante' eines Ereignisses entscheiden. Wenn ihm also bewusst ist, dass er entscheidet wie ein Ereignis sich entwickelt, dann sollte es leichter sein.

18. Januar 2016
(07:08)
„Meister, was ist los mit mir? Ich verstehe gerade nicht, wieso ich mich soweit entfernt von Gott fühle und wieso es mir so schwer fällt zu meditieren"

„Zwei Fragen, eine Antwort. Beides solltest du nicht so ‚ernst' nehmen. In dir findet eine Reinigung statt, die unter anderem auch durch die Freigabe der DNS Stränge, die bei den Chakren 12, 13 und 14 angegliedert sind, ausgelöst sind und sich offenbart in Form von einem Gefühl der Anstrengung und Schwäche äußern.

Deine Lösung könnte so aussehen: Vor allem solltest du nicht so oft ein schlechtes Gewissen haben. Du tust was du tust und du machst es mit Vergnügen und guter Laune.

Zwang ausüben ist kontraproduktiv."

„Ah, du meinst ich soll mich einfach hängen lassen und dann wird schon alles gut werden? Haha."

„*Witzbold. Du könntest dir vielmehr bewusst sein, was du schon alles erreicht hast. Das würde dein Bewusstsein erweitern. Haha.*"

„Haha. Die Anspielung habe ich verstanden. Ich verstehe dich auch sonst, nur ist es sehr schwierig momentan, die von dir vorgeschlagene Gelassenheit zu praktizieren. Wie kann ich diese entwickeln?"

„*Das geht nur durch Vertrauen – zu Gott und dir selbst. Vertrauen ist das Gegenteil von Angst. Wenn du dich also für Vertrauen entscheidest, dann verabschiedest du deine Angst. Du kannst gleichzeitig immer nur auf eine Seite der Münze sehen. Wenn du also in Gottvertrauen und dem Bewusstsein, dass du der Sohn Gottes bist, deine Tage durchwanderst, wirst du angstfrei sein. Ich hoffe das stört dich nicht? Haha.*"

„Hm, das hoffe ich auch."

„*Haha!*"

„Ich spüre einen großen Drang, meine Renovierungsarbeiten durchzuführen. Soll ich das tun oder verschwende ich damit meine Zeit?"

„*Auf keinen Fall. Im Gegenteil, die Renovierung und das Bauen von Küchenmöbeln ist der Ausdruck der oben angesprochen Reinigungs- und Aufräumarbeiten. Auch kannst du dir beim ‚kreieren' der Möbel bewusst sein, dass in dir gerade etwas Neues entsteht. Also das Alte wird nicht nur renoviert und aufgeräumt. Es entsteht auch noch etwas völlig Neues. Und wenn das im Außen so ist, dann muss es zuvor in deinem Inneren stattgefunden haben. Somit kannst du an deinem Drang die Küche und alle anderen Arbeiten, die du dir vorgenommen hast, erkennen, dass in deinem Inneren eine Menge in Gang gesetzt wurde. Du bist also weit entfernt von Stillstand.*

Geduld, mein Freund. Alles ist gut!"

„Ja, so hat der Endspurt angefangen. Mit dem Buch ‚Alles ist gut'. Danke, Meister Vywamus."

Irgendwie fühlt er sich schon wieder erschöpft und könnte sich im Bett verkriechen. Das kann natürlich auch daran liegen, dass es kalt und ungemütlich ist und dass draußen Schnee liegt. Ach ja, und weil es Montag ist. Ihm ist bewusst, dass das ‚Montagsgefühl' eines der blödesten Glaubenssätze ist, die er sich je erschaffen hat.

Leider hat er keine Idee davon wie er das beseitigen kann.

19. Januar 2016
(07:27)
Heute geht es ihm einigermaßen gut, obwohl ihm das Verlegen seines Kellerschlüssels etwas belastet. Symbolisch kann das ja nur bedeuten, dass er den Schlüssel zu seinem Unterbewusstsein verlegt hat.

Hm – wie das geschehen ist weiß er nicht und hat auch keine Idee, wie er ihn wiederfinden kann. Auf alle Fälle muss er in seinem Inneren suchen, erst wenn er dort fündig geworden ist, wird er den Schlüssel auch im Äußeren finden können.

„Meister stimmt das? Und wenn ja, wie kann ich es ändern?"

„Alles geschieht zuerst innen und pflanzt sich danach erst in das Äußere. Also muss deine Theorie stimmen. Ändern kannst du es nur, indem du dir der Ursache bewusst wirst.

Was könnte also die Ursache dafür sein?"

„Ich denke das hängt alles mit den bewusstseinserweiternden Substanzen zusammen und das diese immer noch eine Rolle spielen. Und meinem schlechten Gewissen deshalb. Dies wiederum kann nur bedeuten, dass ich die Auswirkungen, nämlich die Blockade durch diese Pflanzen, ins Unterbewusstsein verdrängt habe. Ja klar, kann ich gleich bestätigen.

Und da ich momentan eigentlich dabei bin Blockaden aufzulösen statt aufrechtzuerhalten, bedeutet das, den Zugang zum Unterbewusstsein wieder zu verschließen...

Lösung: Endlich den Schlussstrich ziehen."

„Hm, recht gut erkannt. Hinzu kommt aber auch noch dein Stressempfinden. Nimm dir Zeit. Wie du weiß gibt es sowieso keine. Haha.

Das Gefühl keine Zeit zu haben entstammt übrigens den Suggestionen deines leiblichen Vaters aus diesem LEBEN. Er hat dies aber nie wirklich ernst gemeint, das war nur um andere Menschen zu kontrollieren.

Lass' dir also Zeit. Auch, dass du erkannt hast, dass dieses Jahr das ‚goldene Jahr' für dich werden wird, sollte dich locker lassen. Das ist doch eine gute Nachricht und sollte dich erfreuen und motivieren.
Stress ist da nirgendwo in Sicht."

OK, darüber muss er nachdenken.

20. Januar 2016
(07:22)
Heute Morgen hat er einige Veränderungen in seinen Übungen vorgenommen und sich für Morgen weitere Änderungen überlegt. Schon seit Tagen hat er das Gefühl, dass er aktuell falsch übt. Er macht die Meditation zu seinen Chakren zu der Hauptübung.

Es scheint sich aber der Gedanke durchzusetzen, dass die Lichtatmung und die Verbindung mit dem Göttlichen mit Hilfe der Zahlen auch sehr wichtig sind und weitergeführt werden müssen. Die Reise zu den Chakras muss nicht täglich stattfinden. Darf es natürlich ebenfalls.

Dann hat er gestern festgestellt, dass er bei seiner CD mit der Chakrareise einen Fehler gemacht hat. Sie führt in zweimal zum Herzchakra und vergisst das Kehlkopfchakra. Das scheint ihm eine klassische Freudsche Fehlleistung darzustellen, denn in diesem Chakra schien ihm bei seiner ersten Reise, die bisher die intensivste gewesen ist, dass einiges geheilt werden muss. Und gerade dieses Chakra ‚vergisst' er? Na, wenn das nicht klassisch ist.

Ja dann hat er gestern noch versucht einen Kontakt zur intergalaktischen Friedensmission herzustellen, über den Kanal von Meister Vywamus.

Da ist er sehr, sehr gespannt, ob er den richtigen Ton getroffen hat. Schon zwei Versuche den Kontakt herzustellen sind nicht oder noch nicht beantwortet worden. Den Kontakt zum Kanal von Meister Vywamus herzustellen. Primär geht es dabei um den Kontakt zur Mission.

26. Januar 2016
(07:32)
In den letzen Tagen hat er es sehr schwierig gehabt. Fast keine Übungen waren für ihn möglich. Dennoch gab es die eine oder andere Erkenntnis. Die wohl signifikanteste war die, dass er von ganz verschiedenen Seiten darauf hingewiesen wurde, dass er Platz machen muss für Neues.

Damit ist gemeint, dass er aufräumen und renovieren und auch die Küchenmöbel fertig stellen soll. Auch das ist in diesem Fall eine Übung. Als Analogie wurde ihm die Gartenarbeit im vergangenen Jahr vor Augen geführt. Diese ist deshalb so flüssig gelungen, weil er zwischendurch immer wieder Platz gemacht hat, für den neuen Abschnitt, die neuen abgeschnitten Zweige.

Nun, heute Morgen war er in seinem zehnten Chakra und hat dort Gwendolyn getroffen, die sich sehr gefreut hat und ihm jemanden vorgestellt hat, der, wie sie sagte, vom anderen Ende des Universums gekommen ist. Er konnte einen vagen Eindruck von diesem Wesen erlangen, aber eine rechte Kommunikation mit ihm, war nicht möglich. Es fand nur eine Art Begrüßung statt. Danach

verlies ihn seine Konzentrationsfähigkeit wieder. Leider. Er hätte sich sehr für dieses Wesen interessiert.
Nun, das wird sicherlich noch geschehen.

Dann ist ihm, ebenfalls in den letzen Tagen von Meister Vywamus mitgeteilt worden, dass die Lichtübungen wichtiger sind als die Reisen zu den Chakras.

„Entschuldige, wenn ich mich hier einmische. Aber das habe ich nicht gesagt.
Was ich meinte ist, dass die Chakra Arbeit auch Zeiträume benötigt, wo sich die Erfahrungen, die du dort machst, integrieren können.
Während die Lichtatmung etwas ist, was du der Welt gibst und dieser hilft zu heilen. Hier sollst du einfach selbstlos LICHT in die ganze Welt senden."

„Vielen Dank, Meister. So hatte ich es auch verstanden, nur der ‚Erzähler' hat das durcheinander gebracht. Haha."

„Ja, ich weiß der Erzähler und du sind ganz verschieden. Haha."

Na, dann kann er ja weiter erzählen. Allerdings weiß er eigentlich nichts weiter dazu zu schreiben. Es müssen eben jetzt möglichst schnell die Renovierungsarbeiten abgeschlossen werden, damit er sein neues LEBEN etablieren kann. Na dann – los geht's.

27. Januar 2016
(07:34)

Wie es scheint, gelingt es ihm seine Übungen nach und nach wieder auszuüben.

Ansonsten hat er aktuell keine besonderen Erkenntnisse. Er hat natürlich auch noch eine ganze Menge in seinem Äußeren zu verändern, damit Platz für das Neue bereitet wird.

Seine Erfahrungen, die er im zehnten Chakra macht, sind sehr interessant, aber noch recht ‚durchsichtig', d.h. er kann die Wesen noch nicht so gut erkennen. Ausnahme: Gwendolyn. Sie erkennt er schon recht gut und kann sie auch fühlen und sich mit ihr austauschen.

Natürlich kann er auch den Meister Vywamus sehr deutlich wahrnehmen.

Im zehnten Chakra hat er heute Morgen eine Gruppe von Wesen erkennen können, die anscheinend aus derselben Gegend gekommen sind und zusammengehört haben. Sie haben ihn auch bemerkt. Leider ist es zu keiner Kommunikation gekommen, denn die Zeit war um und es viel ihm auch recht schwer die Konzentration auf die Wesen zu halten.

Insgesamt kann man sagen, dass seine Wahrnehmungen im zehnten Chakra deutlicher werden, je öfter er hier erscheint.

Ebenfalls sehr erfreulich ist seine Atemarbeit. Diese ist ihm heute Morgen sehr gut gelungen und er hat dabei bemerkt, dass man die Violette Flamme ‚aufpumpen' kann. Ja, der Atem ist ein mächtiger Energieträger, der sehr genau die Energie auf den ‚Punkt' bringen kann.

Auch hat er heute das Gefühl gehabt, dass er während der Meditation bei den russischen Heilern in München gewesen ist. Er sah sich dort in der Küche am Tisch sitzen und mit beiden ein Gespräch führen, dessen Inhalt er nicht mehr erinnert. Dieser schien auch nebensächlich zu sein, denn es ging vor allem auch hier darum, die Konzentration aufrecht zu erhalten.

Auch fühlt er zurzeit zu Menschen aus seiner Stadt, zu denen der Kontakt aus für ihn nicht so recht ersichtlichen Gründen abgebrochen ist, einen Kontakt. Es erscheint ihm so, dass diese ihn um Hilfe bitten wollen. Bei was, weiß er nicht und hat sich dazu entschlossen, abzuwarten ob sie auf ihn zukommen werden.

28. Januar 2016
(07:31)
Heute Morgen ist er in seine höheren Chakras gereist. Insgesamt hat er dabei sehr positive Gefühle erleben können.

Im 9. Chakra hat er mit dem dortigen Hüterwesen besprochen, dass er seinen Körper umgestalten möchte. Die Antworten dieses Hüterwesen waren für ihn noch nicht eindeutig und er weiß noch nicht genau, ob er sein Anliegen tatsächlich von diesem Chakra aus auslösen kann.

Im 10. Chakra hat er wieder Gwendolyn gesehen, ihr aber nur zugewinkt, was sie freundlich erwidert hat. Zu ihr entwickelt er inzwischen ein sehr freundschaftliches Verhältnis. Sie scheint im 10. Chakra immer anwesend zu sein.

Im 11. Chakra erinnerte er sich wieder daran, dass aus diesem Chakra heraus ‚Wunder' geschehen oder ausgelöst werden können. Auch hier hat er seine Bitte nach einem erneuerten Körper vorgetragen. Das Wesen schien sehr interessiert an einem Kontakt zu sein, ob es seine Bitte so einfach umsetzen kann ist aber nicht eindeutig geklärt worden.

Im 12. Chakra hat er ein Wesen kennengelernt, das ihm eine symbolische Botschaft übermittelt hat. Leider erinnert er sich im Moment nicht mehr daran. Das Wesen hat ihm auch mitgeteilt, dass es sich über einen Kontakt freut, aber, dass er auch das Wesen besser erkennen muss um eine konstruktive Zusammenarbeit zu ermöglichen.

Dies haben auch die weiteren Hüterwesen bestätigt.

Im 13. Chakra und im 14. Chakra hat er sehr angenehme Gefühle, wie auf der ganzen Reise, gespürt. Eine Erinnerung an die Ereignisse dort hat er leider nicht mehr. Allerdings insofern schon, dass es nur ein Kennenlernen war und die Hüterwesen sich sehr über seine Kontaktaufnahme gefreut haben.

Auffällig war noch bei dieser Reise, dass die Chakras, die er noch nicht besucht hatte, sich deutlich unterschieden haben. Es waren jeweils sehr unterschiedliche Gefühle und auch Sinneseindrücke zu verzeichnen.

Nun freut er sich darauf diese höheren Chakras erneut zu besuchen, um dann hoffentlich mehr Erkenntnisse mitzubringen.

Alles in Allem hinterließ diese Meditation einen sehr guten und hoffnungsvollen Eindruck bei ihm...

29. Januar 2016
(07:40)
Heute Morgen war wieder alles ganz anders. An Konzentration war überhaupt nicht zu denken. Ihm gingen ständig Gedanken an das Renovieren und Aufräumen durch den Kopf.

Allerdings konnte er sich immer wieder in die ‚Atmung' retten, was ihm geholfen hat seine Rückenschmerzen zu heilen. Woher die kamen ist ihm schleierhaft. Rückenschmerzen sollen ja ein Zeichen dafür sein, dass man nicht im Einklang mit dem Göttlichen ist. Naja, er hat keine Ahnung wieso. Er ist der Meinung, dass er alles macht, was Gott oder sein Weg zu ihm, von ihm verlangt. Oder?

Also, heute ist dann weiteres Aufräumen angesagt. Platz machen für Neues. OK!

31. Januar 2016
(07:18)
Gestern war ein unangenehmer Tag für ihn. Trotzdem hat er seine Übungen durchgezogen, was aber auch der einzige ‚Erfolg' war.
Heute war seine Meditation auch nicht gerade erwähnenswert.

Allerdings las er gestern in einem Buch über einen Schriftsteller, wie dieser lebt und seine spirituellen Erfahrungen in Büchern veröffentlicht. Das hat ihn sehr angesprochen. Er kann sich vorstellen auch so zu leben. Sollten seine Bemühungen einen Weltfrieden von

Deutschland aus auszulösen nicht funktionieren, oder besser gesagt, sollte ihm von der intergalaktischen Friedensmission keine finanziellen Hilfen zuteil werden, wird er sich nur noch auf das Schreiben konzentrieren.

Das wäre zwar äußerst schade für ihn, aber immerhin eine Alternative für sein weiteres körperliches LEBEN, was seiner Meinung nach noch mindestens zweihundert Jahre andauern wird.

So gesehen hat er endlich Zeit. Haha. Aber echt. Der Stress, den Frieden jetzt zu etablieren ist schon sehr anstrengend und die Aussicht ein ‚privates' Leben zu führen recht entspannend...

1. Februar 2016
(09:42)
Heute Morgen hat er ganz spontan drei weitere DNS Stränge freigegeben, das heißt wiederbelebt. Natürlich mit Hilfe von Meister Vywamus und Gwendolyn. Das bedeutet dass er jetzt über insgesamt acht aktive DNS Stränge verfügt.

Wie sich das auswirkt kann er nicht beurteilen und will er auch nicht.

Des Weiteren hat er sich dazu entschlossen seine Friedensbemühungen ‚loszulassen'. Dadurch, dass er dem Kanal von Meister Vywamus seine Gefühle, sprich seine Hoffnungen mit der intergalaktischen Friedensmission in Kontakt zu kommen, übergeben hat, muss er davon ausgehen, dass man seine Ideen nicht gebrauchen kann. Somit kann er momentan nichts weiter tun. Für seine Strategie sind mindestens 10 Millionen Euro nötig. Wenn er sie nicht erhält, dann kann er halt nichts tun, außer auf der geistigen Ebene. Dies will er natürlich tun.

Das war's. Heute wird weiter aufgeräumt und vielleicht bereits die ersten Hölzer für seine Küche, die er selbst bastelt, eingekauft. Aber erst muss er Platz schaffen.

(15:50)
„Ich bin voll sauer! Ich verstehe nicht, wieso die intergalaktische Friedensmission, das heiß irgendein Mitarbeiter von dort, keinen Kontakt zu mir aufnehmen?

In deinem Buch, Meister Vywamus steht eindeutig geschrieben, dass es dort auch Mitarbeiter gibt, die, weil sie noch nicht aus der Substanz schaffen können, von der Mission finanzielle Mittel zur Verfügung gestellt bekommen. Für sich selbst, für ihren Lebensunterhalt.

Ich möchte Mittel um den Frieden in Deutschland zu manifestieren. Wieso erhalte ich die nicht, oder, falls ich mit meiner Idee falsch liege, wenigsten ein Zeichen, eine Anregung, eine Auskunft, was immer auch – eben ein Zeichen, warum ich diese Mittel nicht zur Verfügung gestellt bekomme?

Ich fühle mich zurückgewiesen – und stelle dadurch zwangsläufig alles in Frage..."

„Darauf willst du also eine Antwort haben? Nun gut – aus deiner Sicht mag das so aussehen.

Wir erkennen die größeren Zusammenhänge und können dir sagen: Derzeit können wir dir keine Mittel zur Verfügung stellen.

Das hat aber nichts mit einer Zurückweisung zu tun. Im Gegenteil, wir sehen deine Bemühungen mit großem Interesse und überlegen, wo wir dich einsetzen können…

Mehr kannst du dazu nicht gesagt bekommen."

„Kannst du mir wenigstens erklären, warum meine Idee anscheinend falsch ist?"

„Deine Idee ist nicht falsch – der Zeitpunkt ist falsch. Dennoch hat auch deine Idee einen Haken. Sie ist sehr nahe an Manipulation. Diesen schmalen Pfad zu gehen, trauen wir dir aktuell noch nicht zu. Den schmalen Pfad zwischen Motivation und Manipulation…

Es geschieht zu deinem Schutz!"

„Hm. - Puh. Wenn es zu meinem Schutz ist, was soll ich dann noch sagen? Damit hast du mich jetzt ‚rausgekickt' aus der Unterhaltung."

„Das war meine Absicht – Haha."

„Also doch Zurückweisung?"

„Nein, keineswegs. Du könntest jetzt meditieren, ich begleite dich und wir durchleuchten und transformieren deine Chakras…"

„Nee, danke, keinen Bock."

„Huhu, ich fühle mich von dir zurückgewiesen. Huhu."

„OK – ich verstehe dich schon. Wenn ich mich wie ein trotziges Kind verhalte, kann ich nicht erwarten, dass ihr mir die Verantwortung für eine Friedensaufgabe übertragt. Ja, das verstehe ich schon.

Aber ich könnte doch auch in die Aufgabe hinein wachsen…?"

„Ja, das wirst du auch müssen. Nur müssen wir vorher sicherstellen können, dass wir dich bewusst erreichen. Momentan ist es doch so, dass du den Kontakt mit uns immer noch anzweifelst. Oder?"

„Ja, das stimmt. Ich möchte voll bei Bewusstsein sein und unzweifelhaft mit dir und der gesamten Ebenen der Friedensmission kommunizieren können."

„So, uns geht es auch so mit dir. Auch wir möchten mit dir einen unzweifelhaften und voll bewussten Kontakt haben. Wie können wir das ändern? Huhu."

„Ja, ist ja gut. Es liegt mal wieder an mir. Wie konnte ich das vergessen? Also danke, für die Auskunft. Dann weiß ich jetzt woran es liegt.

Ich meine das ernst, auch wenn ich ziemlich deprimiert bin."

„Es wäre sinnvoll, wenn du mit mir mehr in (schriftlichen) Kontakt treten könntest. Damit kannst du aktiv etwas gegen Zweifel unternehmen.

Im Übrigen verstehe ich, dass du deine persönliche finanzielle Lage verändern möchtest. Deine Idee einen Goldbarren zu erschaffen, hat hier riesiges Aufsehen erregt. Auch Zustimmung und gerne unterstützen wir dich dabei. Natürlich nur im Sinne von coachen. Machen musst du es. Das sage ich rein vorsorglich, damit du nicht gleich wieder falsche Erwartungen entwickelst und zum Schluss dann wieder sauer auf mich/uns wirst. Huhu, schluchz."

„Na dann, nochmals, danke! Und Entschuldigung, ich meine es ja nicht persönlich. Manchmal fühle ich mich halt auch überfordert, wenn immer alles an mir liegt.
Irgendwo habe ich gelesen, dass Gott einem auch entgegenkommt. Davon merke ich leider nichts. Aber ja – ich weiß, das liegt an mir..."

Irgendwie ist er jetzt leer. Er sieht zwar ein, was er eben erfahren hat, aber es hilft ihm nicht gerade viel. Jetzt ist er nicht mehr sauer, dafür wie erschlagen.

Seine Frage ist nun beantwortet. Das hilft ihm aber nicht wirklich, sondern setzt ihn wieder unter Druck. So empfindet er das zumindest.

„Genau, das kann nur an mir liegen – Haha. Wie lustig."

Wenigstens hat er heute einiges aufgeräumt und kommt somit seinem ‚Platz machen für Neues' ein wenig näher. So kann er dann evtl. morgen damit anfangen die Küche weiter zu bauen.

Er nimmt sich vor, tatsächlich öfters über den Weg des Schreibens in bewussten Kontakt zu Meister Vywamus zu treten. Es scheint wirklich zu helfen, oder anders gesagt. Hier scheint er weniger zu zweifeln und mehr den Antworten zu ‚trauen'.

Also dann – weiter machen.

2. Februar 2016
(07:43)
Heute Morgen sind wieder einige Zweifel über ihn gekommen. „Ja, schön wär's", denkt er, denn er ist sich völlig bewusst, dass es seine Zweifel sind, die da ‚über ihn gekommen' sind.

Genau genommen ist es natürlich besser, wenn es von ihm ausgeht, dann hat er nämlich eine Chance es zu ändern. Genau das ist es, eine Chance. Mehr nicht – aber auch nicht weniger.

Das Gefühl für wirklich alles in seinem Zusammenhang mit dem Universum, den Menschen und den Ereignissen, selbst verantwortlich zu sein – und zwar ausschließlich, belastet ihn seit gestern sehr. Er möchte zum Beispiel nicht für das Wohlergehen seiner Partnerin verantwortlich sein.

„Meister Vywamus ist mein Ansatz falsch? Oder bin ich tatsächlich verantwortlich für Julias Wohlbefinden?"

„Danke, dass du wieder mit mir sprichst. Haha."

„Bitte. Danke, dass du so geduldig bist. Also stimmt das so, wie ich es gerade formuliert habe?"

„Ja, das stimmt. Allerdings nur aus deiner Sicht. Du siehst alle Ereignisse aus deiner Sicht. Das betrifft die Ereignisse und auch

die daran beteiligten Menschen. Das alles ist so, wie du es siehst. Aus deiner Sicht. Also bist nur du dafür verantwortlich.

Ganz einfach, oder? Haha."

„Oh Mist, das hört sich wirklich sehr einfach an!"

„Wieso, hättest du es lieber schwerer gehabt? Haha."

„Natürlich nicht. Im Gegenteil – hättest du mir das nicht vor vierzig Jahren sagen können?"

„Ja schon, hätte ich dir sagen können. Gekannt habe ich dich damals schon seit mehreren Tausend Jahren (nach deiner persönlichen Zeitrechnung - Haha).

Allerdings hättest du mir nicht zugehört, weil deine damalige Welt keinen Raum für einen wie mich hatte. Du meintest mich nicht zu kennen…"

„Achso, noch etwas – Haha – in meiner Welt bist du bereits erwacht – Haha – und weißt du warum – weil ich es dir schon vor hunderten von Jahren gesagt habe. In meiner Welt. Haha."

„Haha – das finde ich aber jetzt auch lustig. Trotz all meinem Leid – Haha – für das ich selbst verantwortlich bin – Haha - "

„Wieso lachst D U da"

„Haha – weil das in meiner Welt lustig ist."

Irgendwie hat ihn das jetzt erleichtert. Er weiß noch nicht was das nun im Einzelnen für ihn bedeutet, aber eins ist klar: Das wird er irgendwie lösen können.

5. Februar 2016
(07:20)
Die letzten Tage hatte er noch die Auswirkungen seiner Wut vom Montag aufzufangen. Das war recht schwierig, weil er starke Depressionen hatte. Auch der Spiegeleffekt war dabei nicht gerade dienlich.

Nun, die Friedensarbeit und vor allem der Drang diese unbedingt umsetzen zu müssen, hat er aufgegeben. Nicht für immer, aber für den Moment. Er hat eingesehen, dass er nur dann helfen kann, wenn er auch alle Weisheit, die dafür notwendig ist, sich erarbeitet hat.

Ja, tatsächlich. Im Moment erscheint es ihm gerade so, als dass nichts ohne entsprechende Arbeit entstehen kann.

Diese Information hat er noch vor einigen Tagen erhalten, nämlich, dass solange er noch an die Zeit glaubt und diese dann auch tatsächlich vorhanden zu sein scheint, alle Manifestationen eine Entwicklung benötigen. Also Zeit. Und das natürlich nur solange er noch an die Zeit glaubt. Oder besser gesagt: Er noch nicht erkannt hat, dass es keine Zeit gibt, zumindest nicht in der Art, wie die Menschenkinder diese empfinden.

„Meister ist es für mich und Julia möglich mit Suggestionen nachhaltig abzunehmen und somit einen großen Schritt für unsere Heilung zu tun?"

„Ja, es ist möglich, sofern jeder dies freiwillig zulässt. Dabei musst du aber auch berücksichtigen, dass du lediglich eine Entwicklung damit einleitest. Dazu sind auch Wiederholungen nötig und die Bereitschaft etwas zu ändern, zum Beispiel euer Essverhalten.

Die Chakraarbeit unter zu Hilfenahme von Hypnose könnte auch einen recht schnellen Erfolg zeitigen. Regelmäßigkeit ist eine wichtige Voraussetzung für eine solche Arbeit.

Dabei muss du aber immer sicherstellen, dass alles freiwillig und aus freiem Willen heraus geschieht. Niemals darfst du jemandem etwas ‚einreden', auch nicht, wenn es deutlich auf der Hand liegt, dass es für ihn, oder sie, großen Nutzen bringen wird!"

„Danke Meister! Habe ich mir das gerade selbst beantwortet, oder warst du das tatsächlich?"

„Na, was meinst du werde ich dir darauf sagen?"

„Dass es egal ist wer es gesagt hat und dass es nur darauf ankommt ob es die Wahrheit ist.

Aber deshalb frage ich ja danach. Dir traue ich die Wahrheit zu, mir nicht. Haha."

„Danke, dass du mir die Wahrheit zutraust. Du scheinst ja eine Menge Zutrauen zu mir zu haben. Haha.

Nun, Wahrheit oder nicht Wahrheit. Woran kannst du das erkennen?"

„Ja danke für die vielen Gegenfragen. So habe ich mir ein Gespräch mit dir vorgestellt. Haha.

Gut, Wahrheit ist, was ich als solche annehme in meiner Welt. Zum Abnehmen gibt es keine absolute Wahrheit, sondern nur eine subjektive. Ich hatte eine Idee, warum ich jetzt zunehmen würde, nämlich weil ich das Rauchen aufgegeben habe, also muss ich auch eine Idee entwickeln, warum ich jetzt wieder abnehme.

Mal wieder ganz einfach, gell?

Nee, eben nicht, denn ich weiß nicht wie ich die Idee des Abnehmens nachhaltig entwickeln kann. Die Idee des Zunehmens habe ich durch die Meinung meines damaligen Hausarztes entwickelt.

Woher bekomme ich jetzt die Idee, dass ich abnehme?"

„Nun, wie wäre es damit: Da du dich mit Hypnose auskennst und bereits positive Erfahrungen damit gemacht hast, könnte deine Wahrheit so aussehen, dass du die Idee entwickelst, dass Hypnose dir und anderen helfen kann...

Nur mal so als Ansatz. Es gebe auch noch andere Ansätze, zum Beispiel, dass sich deine Chakraarbeit näher an einer absoluten Wahrheit befindet.

Oder, wenn du beides kombinierst, es doppelt wirken muss... usw. So kannst du deine Idee des erfolgreichen Abnehmens aufbauen und dann musst du konsequent und konzentriert auch so vorgehen wie du es dir ausgedacht hast.

Merkst du etwas? Du denkst es dir aus – und – das ist eine absolute Wahrheit. Haha"

Na dann ist ja mal wieder alles klar wie Kloßbrühe. Aber eins muss er sich eingestehen. Irgendwie wird wirklich immer klarer wie es geht. Wie er seine Welt nachhaltig aufbauen kann. Bewusst aufbauen kann, denn anscheinend macht er das bereits die ganze Zeit, nur eben unbewusst und entsprechend unvollkommen…

6. Februar 2016
(07:28)
Heute Morgen hat sich seine Seele erneut für ihn manifestiert. Das hat ihn sehr beeindruckt. Sie ist wunderschön und sehr majestätisch. Auch ein wenig unnahbar, aber das wird sich hoffentlich bald ändern. Die Liebesschwingung im achten Chakra war heute nicht so stark wie schon manches Mal zuvor, jedoch durch die manifestierte Seele irgendwie persönlicher, konkreter.

Im zehnten Chakra hat er wieder Gwendolyn getroffen. Sie war wie immer sehr herzlich. Danach stellte sie ihn einem männlichen Wesen ihrer Art vor. Dieser war auch sehr freundlich und wies ihn darauf hin, dass er im elften Chakra dem dortigen Hüterwesen die konkrete Frage stellen soll, wie sich seine aktuelle Situation darstellt.

Auf einmal hatte er das Gefühl von hoch oben, mindestens fünf Meter, auf sein LEBEN hinunterzusehen. Dann erkannte er, dass er sehr fest daran glaubt, dass er für Geld arbeiten, also etwas tun muss. An ein Wunder zu glauben scheint ihm aktuell nicht möglich zu sein. Desgleichen gilt für sein körperliches Wohlbefinden. Wichtig ist noch, das hat er gerade erst erkannt, dass er in gleichem Maße von dem finanziellen Erfolg überzeugt ist, wie er davon überzeugt ist, dass Sport treiben sein körperliches Wohlbefinden nachhaltig verbessert.

„Meister bin ich wirklich nicht weiter? Bin ich noch so weit von dem Glauben an Wunder entfernt? Vom Kopf her bin ich doch fest davon überzeugt, dass Wunder normal sein sollten. In der Welt eines jeden Menschen und außerdem geschehen ja auch immer wieder Wunder. Wieso nicht bei mir?"

„Nun, das Thema hatten wir bereits. Du bist mit deiner mentalen Erkenntnis deinem emotionalen Empfinden voraus. Du weißt aktuell noch mehr als du umsetzen kannst – was übrigens auch nur ein Glaubenssatz ist.
Was du im elften Chakra gesehen hast, ist der aktuelle Lösungsweg. Der, den du JETZT gehen kannst. Da du aber bereits genau weißt um was es geht, wird dieser Weg sehr schnell funktionieren. Als wäre ein Wunder geschehen. Haha. Und somit bist du dann einem ‚echten' Wunder deutlich näher gekommen."

„Danke, Meister Vywamus!"

Na dann – abwarten – weiterhin aufräumen und weiter machen...

10. Februar 2016
(07:53)
In letzter Zeit fällt es ihm sehr schwer seine Übungen zu machen. Auch hatte er bis heute Morgen das Gefühl sehr ‚weit weg' von der Erlösung zu sein.

Zu den Übungen musste er sich heute ‚zwingen'. Danach ging es ihm allerdings recht gut und eine gewisse ‚Nähe' war wieder zu spüren.

Dann erinnerte er sich an sein ‚Diplom'.

Nun, es ist gut, dass er sich wieder erinnert hat. Dadurch ist er ein weiteres Stück in Richtung Erlösung gelangt.

„Erlösung, ja die Erlösung. Wann wird es soweit sein, Meister Vywamus? Wann werde ich erlöst sein?"

„Nun, mein Freund. Heute bist du einen großen Schritt weitergekommen. Wann genau du ankommen wirst, weiß ich auch nicht. Es gibt auch Ereignisse, die ich nicht voraussagen kann. Was ich tun kann ist, Tendenzen aufzuzeigen. Seit heute ist es wahrscheinlich, dass du nicht mehr lange brauchen wirst."

„Wie kommst du darauf? Es ist doch gar nichts Entscheidendes passiert, heute Morgen. Oder wieso kommst du gerade heute darauf?"

„Es ist sehr wohl etwas Entscheidendes passiert. Du bist an die Übung herangegangen ohne etwas erreichen zu wollen. Das ist die richtige Einstellung, nämlich einerseits den Willen aufbringen zu Üben und andererseits dir nichts davon zu versprechen, also das Ziel loszulassen. Gut gemacht, Kleiner! Haha."

„Sehr lustig. Haha. Ich war mir nicht bewusst, dass man das auch so sehen kann. Ich habe eigentlich nur meinen ‚Sportsgeist' angewendet und einfach wieder angefangen. Eben einfach üben, üben, üben... So wie ich das vom Sport her kenne..."

"Genauso solltest du alle weiteren Übungen sehen, wie im Sport. Üben mit der Gewissheit, dass daraus etwas werden wird. Wann, das wird sich allerdings erst herausstellen..."

Was Neues ist das ja nicht gerade, aber immerhin, anscheinend geht es jetzt wieder weiter.

16. Februar 2016
(06:58)
Die letzten Tage ging gar nichts. Die Übungen fanden nicht statt und Spiritualität auch nicht. Soweit man das überhaupt sagen kann. Irgendwie findet die ja immer statt. In ihm brodelte die letzten Tage ein Vulkan, der jederzeit bereit war auszubrechen, was dann auch, gemäßigt, stattfand. Teilweise hat er diese Kraft im Alkohol erdrängt, in Maßen, jedoch genügend um angetrunken zu sein. Das gipfelte vorgestern in einer Flasche Wein und einer zweiten, die er noch öffnete und ein Glas daraus trank. Das war's. Gestern dann ‚Kater'. Na soweit hätte es nicht kommen müssen, oder eben doch?

Heute sieht die Lage anders aus. Er hat zwar auch heute seine Übungen nicht gemacht, dafür hat er aber eine andere Übung entdeckt. Diese eigentlich schon vor Tagen, aber heute wurde ihm erst richtig bewusst, dass das auch eine Übung ist.

Er lag morgens im Bett, wenn er eigentlich üben sollte, und hat sich vorgestellt, wie er durch sein drittes Auge goldenes LICHT einatmet.

Heute hat er dann bemerkt, dass er auf diese Weise träumen kann und sich dann auch erinnert.

So hatte er zwei erwähnenswerte Träume. In dem einen sah er sich nach ‚Hause' rennen und als er in seiner ‚Heimatstadt' ankam fand er gleich zu seiner Wohnung, die man durch ein Lokal betreten musste. Vor dem Eingang zu seiner Wohnung, der im Gastraum war, stand ein Tisch mit einem Mann daran. Tisch und Mann waren so vor der Tür platziert, dass diese nicht zu öffnen war. Der Wirt oder irgendein Freund bemühte sich darum ihm zu helfen und irgendwie war er dann auch in seiner Wohnung angekommen.

Der zweite Traum war so, dass ein beleibter Mann ihn von der Seite umarmte und zu ihm sagte, ‚wir machen das schon'. Dies fühlte sich aber unangenehm an, denn die Umarmung hatte etwas von ‚Besitz ergreifen'. Beiden gegenüber stand Julia und ihr Gesicht war sehr deutlich zu sehen. Zuerst war es normal und dann veränderte es sich immer mehr in Ablehnung gegenüber diesem Mann, dessen Nähe er auch immer mehr als unerträglich empfand.

Nun, seiner Deutung nach war der zweite Mann der gleiche wie der erste und dieser scheint von ihm Besitz ergreifen zu wollen, oder ihn zumindest auf seiner Reise nach Hause, behindern zu wollen.

„Meister, stimmt diese Deutung?"

„Könnte sein. Aber du bist ja nach Hause gekommen und hast dich ja auch aus der Umarmung lösen können. Dies lässt den Schluss zu, dass er dich zwar hindern will, es aber nicht schafft.

Ansonsten, wenn du mich schon mal ansprichst, kann ich dir sagen, dass deine Übung, goldenes LICHT durch dein drittes Auge zu atmen, eine sehr erfreuliche ist. Kann ich dir nur weiterhin empfehlen. Und ansonsten solltest du dir keine Gedanken machen wegen ausgefallenen Übungen. Wie du erkannt hast, findet doch Weiterentwicklung statt. Auch wenn du es zunächst nicht bemerken solltest."

„Danke für dein Verständnis und deine Geduld, Meister. Ich werde weiterhin aufräumen, das heißt weiter meine Küche bauen und dann sehen was dieser neue Spiegel alles bei mir auslösen wird."

Eigentlich wollte er gestern Flyer verteilen und endlich den Weg gehen, den er als Lösung im elften Chakra gesehen hat gehen, aber er hat sich von Texten abhalten lassen, die von Aldebaran handelten. Er erkannte dann später, als ein Verteilen der Flyer nicht mehr sinnvoll war, dass es nur eine Blockade war, wenn auch eine sehr interessante.

Nun, mal sehen wie es weitergeht. Er hat sich vorgenommen sich mehr ‚treiben' zu lassen. Weniger wollen und stattdessen sich mehr in den ‚Fluss' einfügen. Das kommt ihm bekannt vor. Wollte er dass nicht schon vor Monaten?

Nun Tatsache scheint zu sein, dass die Veränderung, der Aufstieg der Erde stattfindet. Auch ohne sein zutun. Auch der Frieden wird kommen. Das kann er deutlich spüren, wie er auch den Frühling bereits spüren kann. Selbst wenn es noch einmal schneien sollte, der Frühling ist nicht mehr aufzuhalten und wird definitiv kommen.

So auch der Frieden. Das spürt er sehr deutlich. Und – ja klar – alles ohne sein zutun.

Wobei natürlich alles irgendwie zusammenhängt und jede seiner ‚Taten' dann doch ein Zutun bedeuten.

Er freut sich auf seine Küche und die damit verbundene neue Ordnung. Bis dahin ist allerdings noch einige Arbeit zu leisten und auch etwas Geld aufzubringen. Aber das wird schon bald sein und er hofft bis März damit fertig zu sein.

19. Februar 2016
(07:04)
Heute Morgen ist er mit sehr viel Angst aufgewacht. Existenzangst, Angst davor eingesperrt zu werden, Angst vor Naturkatastrophen, Angst davor seine anstehende Arbeit nicht erfüllen zu können, Angst dass sich keine Klienten bei ihm melden…

„Lieber Meister Vywamus, kannst du mir sagen, was los ist mit mir? Die Zurückweisung durch die intergalaktische Friedensmission hat mich sehr hart getroffen, auch wenn ich einsehen kann, dass ich noch nicht weit genug dafür bin. Aber irgendein ‚unzweifelhafter' Kommentar wäre für mich sehr wichtig gewesen. Aber das weißt du ja sicherlich selbst?

Woher kommt die Angst?"

„Nun, zu dem was du Zurückweisung nennst, dachte ich dir eine Menge Antworten gegeben zu haben. Und da dies für dich sehr emotional gewesen ist, gibt es für mich eigentlich keinen Grund mehr darüber zu verlieren. Ich darf dich daran erinnern,

dass du ‚Rotz und Wasser' geheult hast. (Siehe den Text vom 1. und 2. Februar und denke daran wie es dir ging, als du ihn Julia vorgelesen hast...)

Das Problem Angst, ist ein Grund dafür, wieso du noch keine Aufgabe von uns übertragen bekommen hast. Sie ist ein Zeichen dafür, dass du noch einiges zu klären hast. Deshalb bist du ja auch am Aufräumen und dabei dir eine Küche zu bauen.

Wenn du damit fertig bist, wirst du weitergehen und innerlich weiter aufräumen. Das wird dir große Fortschritte bringen, falls du dich aufraffen kannst auch wirklich weiterhin daran zu arbeiten.

Grundsätzlich zu dem Thema Angst kann ich dir sagen, dass dies sehr stark an den momentanen Umwelteinflüssen liegt. Momentan sind in deinem Land die Ängste allgemein sehr groß und zum Teil mit dem was du vorhin aufgezählt hast, identisch. Und da du zwar feinfühlig aber noch unaufgeräumt bist, treffen dich diese Schwingungen und du schwingst mit."

„Wie kann ich mich davor schützen`"

„Naja, in dem du Gottvertrauen entwickelst. Schon mal davon gehört? Haha."

„Leider kann ich darüber überhaupt nicht lachen. Wie soll ich Gottvertrauen aufbringen, wenn ich keinerlei Beweise dafür finden kann?"

„*Also, keine Beweise – na, darüber müsste man noch einmal sprechen. Allerdings muss man sagen, dass Vertrauen sich gerade dadurch kennzeichnet, dass man eben keine Beweise dafür benötigt.*"

„Ja gut, das verstehe ich zwar irgendwie, aber es hilft mir mal wieder nichts. Irgendwoher muss Vertrauen ja kommen. Wenn nicht von Beweisen, woher dann?"

„*Von Wissen. Ganz einfach. Es kann auch Überzeugung genannt werden. Bei dem was du inzwischen alles weißt, muss man sich schon darüber wundern, dass du immer noch so massive Zweifel hast. Beinahe hätte ich gesagt ‚Zweifel hegst'. Haha.*

Wie gehst du mit Zweifel und deiner Angst um? Hegst du sie oder gehst du aktiv, deinem Wissen entsprechend, konsequent dagegen vor?"

„Puh. Gute Frage. Heute Morgen im Bett wusste ich nicht, was ich dagegen unternehmen soll. Jetzt, wenn ich mit dir spreche, wird es besser. Dennoch bleibt die Problematik weiterhin bestehen."

„*Die wird auch solange bestehen bleiben bis du sie löst. Haha. Oder wie soll deine ‚sogenannte Problematik' sonst aufgelöst werden?*

Nun ich möchte dir ein Beispiel geben:
Du bist ja ein Schüler, ein Schüler des Lebens. Ich bin ein Lehrer, momentan auch deiner.

Wer glaubst du muss die Hausaufgaben machen und wer muss die Klausuren schreiben – der Lehrer oder der Schüler?

Muss ich mehr dazu sagen? Haha."

„Nein danke, das brauchst du nicht. Ich habe es noch nie leiden können in die Schule zu gehen. Früher wusste ich wenigstens, wann diese zu Ende sein würde. Heute weiß ich diesbezüglich nichts. Im Gegenteil, ich habe das Gefühl ins ‚Blaue' hinein lernen zu müssen."

„Schon interessant, wie wenig du über dich selbst weißt und wie wenig du dir zutraust. Darüber war ich schon ganz zu Anfang unseres Kontaktes sehr erstaunt. Nachdem mich der Meister Saint Germain darum gebeten hat dich zu unterrichten, dachte ich, dass du davon weißt und war sehr überrascht deiner Unwissenheit zu begegnen.

Du hattest doch damals schon bewussten Kontakt zur Meisterebene. Wieso zweifelst du diesen an? Darüber solltest du nachdenken und zwar tief in dich hinein schauen. Dort liegt eine uralte Erfahrung, die du erlösen solltest. Dringend erlösen solltest."

„Aha, doch noch ein Problem. Wie schön, dann wird mir wenigstens nicht langweilig."

„Haha. Super, dass du wenigstens Humor hast."

„Nee, das war ‚Galgenhumor'. Ich kann darüber überhaupt nicht lachen. Wie soll ich nur weitermachen? Irgendwie bin ich völlig erschöpft."

„Soll ich dir als Lehrer antworten oder als Freund?"

„Als Lehrer, der freundschaftliche Gefühle für mich hat. Geht das?"

„Na gut. Mach deine Hausaufgaben ordentlich, dann werden auch die Klausuren entsprechend ausfallen. Haha."

„Das war also der Lehrer. Was sagt der Freund?"

„Mein Lieber – ich liebe dich und ich werde auf dich aufpassen wie auf mein wichtigstes Juwel. Ich werde dich hegen und pflegen bis wir uns dereinst in die Augen sehen und du erkennst, dass eigentlich alles ganz einfach war. Eben wie in der Schule. Hinterher wirst du wissen, dass du Gott und seinen Diener immer und ewig vertrauen kannst und das auch du ein Diener Gottes bist, seit langer Zeit und das du auch dir selbst vertrauen kannst!

Mehr möchte ich dir als Freund nicht sagen, sonst denkst du noch ich will dich ‚anmachen'. Haha."

„Danke, Meister Vywamus. Auch für deinen Humor. So erkenne ich doch, dass das LEBEN eigentlich leicht sein sollte und ich mir nicht so viele ängstliche Gedanken machen sollte."

„Das LEBEN sollte nicht leicht sein – das LEBEN IST leicht. Das wirst auch du bald erkennen. So wie wir alle es erkannt haben, nachdem wir erwacht sind.

Alles ist gut – vertraue auf Gott und auf dich selbst!"

Nun, damit will er es für heute bewenden lassen. Mehr wird er aus dem Meister sowieso nicht herauspressen können. Es leuchtet ihm auch ein, alleine die Angst – na, die ist doch etwas gemildert seit diesem Gespräch.

22. Februar 2016
(07:27)
„Meister, von welcher uralten Erfahrung sprichst du?"

„Na endlich, ich dachte schon du fragst mich nie.
Wenn du dich erinnern willst, dann solltest du meditieren und dich auf deine Frage konzentrieren.

Die könnte ungefähr so lauten: wieso weiß ich so wenig über mich – oder – was ist passiert, dass ich meinen Kontakt zur Meisterebene so stark anzweifle – oder – wieso entspricht mein Gottvertrauen nicht meinem Wissen?

„Danke, Meister Vywamus, aber kannst du es mir nicht einfach sagen?"

„Haha. So kenne ich dich. Erinnerst du dich, wer der Lehrer und wer der Schüler ist? Haha."

„Ich erinnere mich sehr gut, deshalb frage ich dich ja. Haha."

„Mal sehen, was ich dir für Hinweise geben kann. Es hat etwas mit einem Fluch zu tun – einer geheimen Loge – und Karma, was allerdings ganz leicht im Feuer der Aufstiegsflamme erlöst werden kann..."

„Danke, Meister, dann weiß ich in etwa um was es geht. Muss ich mir das wirklich anschauen? Die Alpträume, die ich als Kind deshalb hatte waren schlimm genug."

„Natürlich musst du es dir anschauen, oder willst du es weiter verdrängen? Und wie willst du es dann je loswerden?"

„Gleich, ohne es anzuschauen, in die Aufstiegsflamme werfen."

„Nee, so geht das nicht. Sei doch froh und bedanke dich bei den Hütern des Karmas, dass du es nicht ausleben musst. Nur anschauen und dann auflösen. Mehr brauchst du nicht zu tun. Dies ist eine große Hilfe die wir dir auf diese Weise zukommen lassen!"

„OK, ich versteh. Dann bedanke ich mich ganz herzlich und werde sehen, wie ich das hinbekomme. Mein Problem dabei ist, dass ich anzweifle, ob ich das „Ansehen" hinbekomme. Ob es mir gelingt, die Situation zuverlässig zu erkennen."

„Wird dir schon gelingen, das weiß ich. Alles ist gut!"

Zufrieden ist er mit der Antwort nicht, versteht aber warum er keine andere erhalten konnte.

25. Februar 2016
(07:02)
„Lieber Meister Vywamus, kannst du mir bitte weitere Informationen zu meinem Thema ‚Geld verdienen' geben?"

„Nicht sehr viel, denn etwas Entscheidendes hast du gestern in deiner Meditation, die von Serapis Bey gegeben wurde, erkannt. Du hast in einer längst vergangenen Zeit (nach irdischer Rechnung) andere Menschen mit der Behauptung ‚du musst doch Geld verdienen' zu deinen Sklaven gemacht…

Dieses Problem hast du in die Aufstiegsflamme gegeben und nun musst du abwarten und Tee trinken. Haha. Das machst du doch so gerne. Also abwarten im Bewusstsein, dass Serapis Bey und der Engel Hope dir in keinem Fall etwas anbieten, was dann nicht funktioniert. Außer – du – setzt es außer Kraft."

„Leider habe ich das Gefühl, dass ich noch nicht alles zu diesem Thema erkannt habe und noch weiter nach Erkenntnissen forschen muss. Kann das sein?"

*„So etwas kann durchaus sein. Du solltest dir aber keine Gedanken darüber machen. Wenn es so wäre, dann kommt das ganz von selbst hoch. Die Zeit in der du forschen musstest ist vorbei. Heute musst **du annehmen, erkennen und loslassen**. Dies machst du am Besten, indem du es in die Aufstiegsflamme übergibst. Und dann – loslassen!"*

„OK, kann ich das mit allem machen was mich belastet?"

„Ja. Halte dich einfach an die Meditationen, die du von mir und auch von Serapis Bey erhalten hast. Dann geht alles wie von selbst. Naja, vielleicht nicht ganz.

Aber, wenn du jedes Mal, wenn etwas hochkommt, und du kannst es immer an deinem Bauchgefühl identifizieren, du in eine Meditation mit der Aufstiegsflamme gehst, das Problem übergibst und auf eventuelle Einsichten wartest, lösen. Daraus könnte entstehen, dass du weiteres Hinderliches in die Flamme übergeben solltest. Solange bis du das Gefühl hast, dass alles gelöst ist.

Darauf verlässt du dich dann ganz einfach. Gibt es doch noch etwas, wird es von selbst erscheinen und dann gehst du wieder genauso vor. Nach recht kurzer Zeit (nach deiner Rechnung) wird sich dein LEBEN bereits verändern.

Bedingung: du musst halt Vertrauen in mich und meine Meisterkollegen haben."

„In euch habe ich ja Vertrauen, nur zu mir selbst nicht. Ich denke ich könnte etwas falsch machen oder gar erneut verdrängen. Dies war ja anscheinend bisher meine Methode mit bestimmten Problemen umzugehen. Damals war ich mir dessen auch nicht bewusst und wie soll ich das jetzt sicherstellen, dass ich das nicht erneut mache?"

„Dieses Problem verstehe ich sehr gut. Die Lösung dessen ist die Erkenntnis, dass du heute in einer anderen Zeit lebst. Heute kommen die Konflikte ganz von selbst hoch. Zusätzlich befindest du dich mitten in deinem persönlichen Aufstieg. Beides Gründe dafür, dass Verdrängungen nicht mehr funktionieren.

Das ist jetzt bei allen Menschen so. Ausnahmen sind diejenigen, die sich bewusst gegen diese Strömung stellen. Die werden aber dann auf anderen Planeten die Möglichkeit haben ihren

Widerstand zu erkennen und letztlich ebenfalls, genau wie du, auflösen.

Also weitermachen und nicht soviel überlegen. Alles kann wie von selbst funktionieren, sofern du loslässt und dich in die Strömung begibst.

Alles ist gut! Denke daran!"

„Danke, Meister Vywamus! Ich hoffe ich kann dich bald mit meinen eigenen Augen sehen.
Dabei fällt mir ein, dass du in einem deiner Bücher gesagt hast, dass du dich in dieser Zeit als Mensch inkarnieren willst. Bist du bereits inkarniert und kann ich dich irgendwo treffen?"

„Nein, bin ich noch nicht. Ich werde allerdings nicht den Weg einer Geburt gehen, sonder zur rechten Zeit einfach erscheinen. Ähnlich wie mein geliebter Bruder Babaji das gemacht hat.

Dann werde ich einfach da sein im Dasein – Haha – und du wirst einer der ersten sein, die es erfahren! Haha."

„Du meinst ich werde als einer der Ersten da sein und dich in deinem Dasein treffen – Haha."

„Genau, mein Freund."

„Kannst du mir etwas zu einer möglichen Gründung der ‚Deutschen Friedenspartei' sagen?"

„Im Moment nicht. Das ist noch nicht ausgegoren. Die Idee ist richtig, die Zeit und die Mittel dafür noch nicht reif. Arbeite vor allem an deinem Aufstieg und an der Lösung deiner Probleme, dann wirst du automatisch den richtigen Zeitpunkt erkennen und dann werden auch die Mittel zur Verfügung stehen."

Das tröstet ihn und das ist auch das, was er zu diesem Thema die ganze Zeit über spürt. Damit will er sich dann für heute zufrieden geben. Mehr kann er wahrscheinlich aktuell nicht verarbeiten.

Aber an sich selbst zu arbeiten, ‚hauptberuflich' das sagt ihm zu. Da hat er ein gutes Gefühl dazu.

1. März 2016
(07:10)
Drei Träume, der vergangenen Tage will er aufschreiben:
1.
Vor einigen Tagen hat er von dem russischen Heiler geträumt. Leider weiß er nicht mehr viel darüber. Nur noch soviel, dass dieser wollte, dass er ihm folgt. Wohin hat er vergessen. Er hatte dabei sehr angenehme, freundschaftliche Gefühle.
Er entschloss sich darauf hin, als er aufgewacht ist, dass er die letzten drei Folgen der Fortsetzungsgeschichte, die ihm von dem Heiler per eMail zugeschickt wird, zu lesen. Dies hatte er bisher nicht. Dies hat er auch heute noch nicht, wird er aber bestimmt in den nächsten Tagen tun.
Er traut dem Heiler zu, dass dieser bewusst in seinem Traum aufgetaucht ist und er ihm eine Botschaft über-

mitteln wollte. Vielleicht findet er in der Fortsetzungsgeschichte einen Hinweis...

2.
Von einem ehemaligen Arbeitskollegen geträumt. Er hatte zwei Aktenkoffer bei sich, als der Kollege auf ihn zukam und ihm unbedingt etwas zeigen wollte.
Er ließ die Koffer auf einer großen Treppe, die zu einem Gebäude führte, stehen und folgte dem Kollegen in ein anderes Haus.
Dort wartete er auf diesen, der aber nicht mehr auftauchte. In ihm kam ständig die Erinnerung hoch, dass er nach seinen Aktenkoffern schauen müsse, damit diese nicht gestohlen werden.
Also verließ er das Gebäude und suchte nach seinen Koffern. Ihn überkam aber eine völlige Desorientierung. Panik machte sich breit.
Plötzlich hatte er die Idee, dass er sich nur entschließen bräuchte, dass seine Koffer in seinem Auto seien. Das tat er dann auch und ging zu seinem Auto, dass er auf der Straße stehen sah. Er öffnete die Heckklappe und sah seine beiden Koffer dort stehen.

3.
Heute Nacht träumte er davon, dass er mit Julia zusammen in einer Wohnung lebte, die recht groß schien. Sie sah ähnlich aus wie die Wohnung in der er aufgewachsen ist.
Aus irgendeinem Grund sollte Julia in eine Reha Klinik. Es war nichts Besonderes und sie entschlossen sich, dass er mitkommen und sehen soll, dass er ebenfalls dort aufgenommen werden würde und sie wollten sich ein Zimmer teilen.
Als sie dort ankamen empfing sie ein junger Mann, der anscheinend Arzt dort war. Die gesamte Klinik machte

allerdings mehr den Eindruck einer Jugendherberge. Überall liefen Kinder herum.

Julia wollte auf einmal nicht mehr mit ihm in einem Zimmer untergebracht werden und schlug ihm vor, dass er doch in einem nahegelegenen Gasthaus unterkommen könnte. Das wollte er aber nicht.

Julia war dann auf einmal verschwunden, der Arzt auch. Sie gab vor, dass sie spazieren gehen wolle. Allerdings regnete es in Strömen.

Er erkundete dann das Gebäude alleine. Es hatte die verschiedensten Gewölbekeller, deren Wände feucht waren. Er sagte zu sich selbst, dass es feuchte Wände seien. Die Eingänge zu diesen Kellern waren sehr niedrig, sodass er sich bücken musste. Und überall waren Kinder unterwegs.

Dann sah er aus dem Fenster und sah dass es immer noch regnete und natürlich in dem Park niemand herumlief. Julia war also keineswegs dort unterwegs. Der Park war auf einmal ein Friedhof. Darüber musste er noch lachen, denn oft genug hielten Julia und er Friedhöfe für Parks.

Dann entschloss er sich ebenfalls ein wenig spazieren zu gehen. Es hatte aufgehört zu regnen und er ging eine Straße entlang, die einen Berg hinauf führte. Er war eifersüchtig und überlegte, wenn Julia ihn verlassen würde, dann würde er die ganze Klinik in die Luft sprengen. Dabei sah er den Berg hinunter. Dieser war auf einmal wieder ein Park und die ganze Gegend sah aus wie in einer Kurstadt.

Während er über seine ‚Rache' nachdachte, bemerkte er, dass er sich gerade seiner Eifersucht hingab und erkannte, dass das falsch sei.

So sprach er laut zu sich selbst ‚Unsinn, hier werde ich meinen Aufstieg erleben'.

Da veränderte sich alles in der Weise, wie auch bewusstseinserweiternde Drogen wirken können. Irgendwie wurde alles klarer zu sehen und die Umgebung wurde größer. Gleichzeitig hatte er das Gefühl hochgehoben zu werden. Kurz darauf ließ dieses Gefühl wieder nach. Dann sprach er wieder, dass dies der Moment für seinen Aufstieg sei, denn das Gefühl und auch seine Optik gefielen ihm und er wollte nun aufsteigen.
Er konnte das Gefühl noch einmal aufleben lassen und dann erwachte er.

Naja, außer den Träumen geschieht derzeit nicht gerade viel. Er arbeitet daran seine Küche zu bauen und überhaupt seine Wohnung zu renovieren. Teilweise macht es Spaß, teilweise ist es sehr anstrengend.

Da fällt ihm ein, dass er in letzter Zeit große Erfolge mit Lichtatmung hatte. Wenn er zum Beispiel Muskelschmerzen von der handwerklichen Arbeit hatte. Dann atmet er ‚goldenes LICHT' in die Stelle, die schmerzte und nach wenigen Atemzügen verschwindet dieser. Es freut ihn sehr, ein solches ‚Werkzeug' zur Verfügung zu haben.

Mehr kann er im Moment nicht berichten. Die Träume und seine goldene Heilenergie machen ihm Hoffnung.

5. März 2016
(07:16)
Momentan fühlt sich alles sehr schwer für ihn an. Alles, was er tut gelingt nur teilweise. Gerade so, dass er nicht ganz die Lust verliert, aber auch nicht zufrieden sein kann.

OK, Frieden fängt in ihm selbst an, wenn dort nur teilweise Frieden herrscht, kann es im Äußeren auch nicht anders aussehen.

Allerdings hat er einen Plan, der Abhilfe verschaffen soll. Dazu gehört in erster Linie:
Aufräumen. Auf allen Ebenen – innen wie außen.

Zum Außen muss nichts gesagt werden, da gibt es genügend Ansatzpunkte.

Innen
- will er die Rosen / Kardamom / Wasser Reinigung in die Tat umsetzten, ganz nach den Vorgaben von Meister Serapis Bey, wobei er darauf achten muss, dass er den gereinigten Zellen, neue, vollkommene Anweisungen erteilt.
- Abends vor dem Schlafengehen will er sich Rechenschaft über den vergangenen Tag ablegen / die falschen Taten, Glaubenssätze etc. in der Aufstiegsflamme entsorgen und stattdessen festlegen, wie es richtig gewesen wäre.
- Dann wird er wieder HSIN TAO einführen, denn er hat erkannt, dass Entspannung der eigentliche Schlüssel für Bewusstseinserweiterung darstellt. HSIN TAO ist dafür hervorragend geeignet.
- Dann natürlich die Chakraarbeit.
- Ja, und die Arbeit mit dem Buch, das die Erweckung von bereits Verstorbenen lehrt.

Ansonsten keine großen Pläne. Außer dieses Tagebuch vielleicht veröffentlichen, an seiner Selbständigkeit arbeiten, allerdings ohne jeden Zwang. Locker vom Hocker muss das laufen, sonst ist es nicht gottgewollt. Das trifft auch auf das Buch zu.

Im Hintergrund wird er an der Friedenspartei arbeiten, aber dafür ist die Zeit, und vor allem er, noch nicht reif. Dennoch kann er dort bereits einige Vorarbeiten erledigen.

„Meister hast du eine Botschaft für mich?"

„Wenn du umsetzt, was du dir gerade vorgenommen hast, dann wäre ich sehr zufrieden mit deinem Vorankommen. Allerdings solltest du noch eine Übung hinzufügen, nämlich die Lichtatmung, die du ja die ganze Zeit über gemacht hast, die von Meister Saint Germain. Auch die Arbeit mit den Zahlen, die die Verbindung mit Gott hervorrufen sollen, wäre dienlich.

Dann müssen wir abwarten. Alles ist gut, davon solltest du weiterhin ausgehen."

„Ich will mir alle Mühe geben, alles umzusetzen. Das sollte aber kein Problem sein. Danke Meister, oder hast du sonst noch eine Botschaft?"

„Die für dich wahrscheinlich schwierigste Übung, abends Rechenschaft abzulegen, solltest du unbedingt ausführen. Der Nutzen wäre riesig. Du ziehst dir damit die ‚Siebenmeilenstiefel' an. Haha. Mal sehen ob du das schaffst."

„Ich weiß wie groß der Nutzen sein wird und ich werde alles was mir möglich ist tun. Nochmals, danke Meister!"

Er wird sich nun daran machen den Tag mit Freuden zu beginnen.

8. März 2016
(07:33)
„Meister Vywamus hast du eine Botschaft für mich?"

„Ich freue mich über den neuen Schub, den deine Entwicklung gerade bekommen hat. Dieser ist sehr aussichtsreich. Es könnte sein, dass sich daraus dein ‚Endspurt' entwickelt.
Die Angelegenheit mit den bewusstseinserweiternden Samen ist etwas fragwürdig. Vielleicht könntest du darauf verzichten?"

„Wenn du es für wichtig erachtest, dann kann ich das natürlich. Allerdings denke ich, dass ich durch luzides Träumen schneller zu dir gelangen kann, um durch einen ‚richtig bewussten Kontakt' zu dir, meinen Aufstieg zu beschleunigen. Ein einziger Kontakt, den ich evtl. auf diese Weise ‚erzwingen' könnte, würde ja schon ausreichen, oder?"

„Nun, ich sehe, dass du es auf alle Fälle ausprobieren möchtest. Ich verstehe warum du einen Kontakt zu mir ‚erzwingen' willst. Allerdings frage ich mich auch, wie du den gerade stattfindenden Kontakt nennen würdest. Unbewusst?

Das kann eigentlich nicht so recht stimmen, oder?"

„Das ist natürlich auch wahr. Dann möchte ich dich fragen, wieso sehe ich dich bisher nicht? Und wieso bewege ich mich immer noch in einem Bereich, wo alles ‚eingebildet' sein könnte?"

„Weil Entwicklung auf der 3D Ebene eben eine gewisse Zeit benötigt. Also Ausdauer und Geduld von dir erfordert.

Den Weg den du gerade beschreitest, also auch das, was du bisher noch nicht umgesetzt hast, nämlich die tägliche, abendliche Rückschau und dann das Auflösen der hinderlichen Muster in der Aufstiegsflamme, wird dir nach einer gewissen Zeit einen Quantensprung ermöglichen, der dich dahin bringt, oder zumindest fast dahin bringt, wohin du schon so lange hin möchtest. Nach Hause zu deinen göttlichen Eltern, hinein in deine Bestimmung als ‚Meister Will'."

„Hm, auch ich kann das spüren. Aber was kann ich noch für eine Beschleunigung tun?"

„Aufhören nach einer solchen zu suchen und deine täglichen Anforderungen meistern. So, wie ein Meister dies eben tut. Handele so, wie du denkst, dass ein Meister handeln wird, dann bist du auf dem Besten Weg ein Meister zu werden, oder besser, zu erkennen, dass du immer einer gewesen bist. Haha."

„Ach, sind wir wieder dort angelangt? Ich muss nichts erreichen, sondern einfach zulassen, was ist?"

„Hervorragend. Du bist der reinste ‚Blitzmerker'. Haha."

Nun, dann will er weitergehen. Einen kleinen Versuch mit den Samen will er trotzdem unternehmen. Vielleicht gelingt ihm ja doch dadurch eine Beschleunigung seiner Entwicklung.

Ansonsten gibt es eigentlich nichts Besonderes zu bemerken. Außer, dass er in den letzen Tagen erkannt hat, dass er den Glaubenssatz ‚Geld verdirbt den Charakter' anscheinend doch noch in sich hatte. Heute Morgen hat er ihn aber der Aufstiegsflamme übergeben. Somit ist dieser auch Geschichte.

Dann will er noch erwähnen, dass er bei seiner Reise in die höheren Chakras, auf der Ebene des neunzehnten, von dem Meister Djwhal Khul eine Botschaft erhalten hat, nämlich, dass er sein Buch lesen sollte auch wenn es ihm schwer fällt, die Art wie es geschrieben ist, zu lesen. Er sagte, dass es Informationen enthält, die für seine (Wills) Weiterentwicklung dienlich sind.

9. März 2016
(07:20)
Heute fühlt sich alles recht gut an. Was für ihn teilweise schwierig ist, ist, dass er nichts hat auf das er sich freuen kann. Dabei bemerkt er gerade, dass er sich ja auf seinen Aufstieg freuen kann, oder besser gesagt, er sich darüber freuen kann, sich mitten in seinem Aufstieg zu befinden.

„Meister hast du eine Botschaft für mich?"

„Na, das scheint dir ja zu gefallen, jeden nach einer Botschaft zu befragen."

„Allerdings. Ich habe festgestellt, dass, wenn ich eine Frage stelle, meistens die Antwort erhalte, die ich erwartet habe. Frage ich aber nach einer Botschaft, dann erhalte ich, wenn ich überhaupt etwas erhalte, meistens eine unerwartete Antwort. Und genau die sind es, die mir am Meisten weiterhelfen."

„Hm, du wirst immer einsichtiger. Das freut mich, mein Freund.

Also, meine Botschaft lautet: Mach weiter so und sei dir sicher, dass das Ziel in greifbarer Nähe ist!"

„Danke. Die Antwort habe ich zwar auch nicht erwartet, aber sie trifft genau das Gefühl, das ich seit eben habe. Seit ich aus der Meditation zurück bin, ‚sehen' mich alle Bilder von euch Meistern so merkwürdig an. So als stünden sie bereit meine Wiedergeburt einzuleiten oder einfach nur zu begleiten.

Stimmt das?"

„Welche Antwort erwartest du jetzt. Ich will dich ja nicht enttäuschen. Haha."

„Stimmt. Ich habe ja deine Botschaft."

Nun, mehr kann er aktuell nicht aus sich herausholen. Er wird halt weitermachen, so wie er es momentan kann. Dann wird sich alles so entwickeln wie es richtig ist.
Er freut sich auf seine Wiedergeburt, auch wenn er nicht weiß, wie diese genau aussehen wird.

10. März 2016
(07:25)
„Meister Vywamus, leider bin ich etwas unzufrieden. Ich habe zwar die Unzufriedenheit in die Aufstiegsflamme entsorgt, fühle mich aber immer noch nicht so gut. Kannst du mir bitte sagen, woran das liegt?"

„Nun, es liegt an deiner Ungeduld und daran, dass du deinem Glaubenssatz ‚ich bin kein Handwerker' unterliegst. Natürlich könnte deine neue Küche besser aussehen und auch funktional

optimiert werden. Aber du solltest erkennen und dir zu Gute rechnen, dass du nie gelernt hast mit Holz zu arbeiten und dies praktisch deine erste Erfahrung mit Basteln überhaupt darstellt.

So gesehen, ‚Hut ab' vor deiner neuen Küche! Den Rest wirst du auch noch bewältigen.

Dann solltest du deine heutige Meditation betrachten. Du hast dich sowohl mit Serapis Bey, den ich hier herzlichst Grüße und mich sehr für seine Unterstützung bedanke, und Erzengel Hope in LIEBE vereinigt. Ebenfalls hast du dich mit deinen göttlichen Eltern und dann auch mit deinem Höheren Selbst in LIEBE vereinigt.

Was macht dich also unzufrieden? Das wäre jetzt meine Frage an dich."

„Tja, es handelt sich wohl in erster Linie um Ungeduld. Und diese wiederum liegt vor allem an meiner finanziellen Situation.

Allerdings habe ich hier im Bereich, der für meine Wünsche zuständigen Chakras die Botschaft erhalten, dass meine finanziellen Wünsche in Bearbeitung sind und nun mit meinem Lebensplan ab- bzw. angeglichen werden müssen.

Diese Botschaft habe ich zumindest erhalten. Ob dies Wirklichkeit wird, weiß ich nicht, oder anders formuliert, ob meinem Wunsch stattgegeben wird, ist noch offen.

Was somit weiterhin eine Geduldsprobe bleibt. Und meine Unzufriedenheit hängt ja auch damit zusammen. Ich brauche jetzt einfach mehr Geld!"

„*Wofür?*"

„Um endlich meine Existenzängste loszuwerden."

„*Na dann weißt du ja warum du noch kein Geld zu Verfügung hast. Existenzängste wird man nicht los, wenn man Geld erhält, sonder es verhält sich genau umgekehrt. Zuerst muss man die Existenzängste loslassen und dann bekommt man Geld.*

Wäre es so, wie du es dir wünschst, dann würdest du die Angst ums Geld niemals loswerden, denn je mehr Geld du hättest, desto mehr liefest du Gefahr es wieder zu verlieren. Die nackte Existenzangst würde dich dann erst überkommen. Haha. Kapierst du das?"

„Haha. Das finde ich überhaupt nicht lustig. Ich habe aber verstanden und werde sehen wie ich es in die Tat umsetzen kann."

„*Braver Bub, Haha.*"

„Ich verstehe aber jetzt schon nicht, wie ich das machen soll, wenn mir zum Beispiel für meine Küche noch Geld fehlt und ich sie nur unvollständig fertig stellen kann. Außerdem fehlt mir auch Geld für andere, zukünftige Ereignisse, wie z.B. dass unser Auto zum TÜV muss."

„*Wolltest du ‚Quengeln' nicht ebenfalls in der Aufstiegsflamme entsorgen?*

Also wenn ich dich richtig verstehe, fehlt dir JETZT kein Geld? Die Küche ist mit den Bauteilen die du schon hast, noch nicht fertig. Der TÜV ist erst im August. Ehm, wolltest du jetzt schon ‚planen', dass du dann immer noch kein Geld hast? Wohl kaum.

Also, mache das, was du deiner Julia gestern empfohlen hast selbst, die ja sowieso dein Spiegel ist und dich daran erinnern soll, was du selbst noch zu ändern hast.

Sieh doch einmal das Gute und sei dankbar dafür und hör endlich auf den ‚sterbenden Schwan' zu spielen. Haha."

„Den sterbenden Schwan tanzt man und spielt ihn nicht. Haha. Na gut, dann bin ich mal wieder bei mir selbst gelandet. Bei wem auch sonst. Ich danke dir für deine freundliche Botschaft. Ich liebe dich, vielleicht sollte ich dir das einmal sagen und ich danke dir sehr dafür, dass du zurzeit meine Ausbildung leitest. Vielen, vielen Dank, auch für deine Geduld!"

„Damit hast du mich nicht nur überrascht, sondern auch sehr erfreut. Vielen Dank meinerseits!"

Also dann. Weitermachen und den Rat in die Tat umsetzen. Wie, weiß er noch nicht. Aber irgendwie wird es schon gehen. Er muss eben weiterhin alles umsetzen, was er geplant hat und dann – ja dann irgendwann wird er das Ziel erreichen. Davon ist er jedenfalls fest überzeugt. Bis dahin – abwarten.

11. März 2016
(07:12)
Heute Morgen hat er von einem vor ungefähr 20 Jahren verstorbenen Freund geträumt. Dieser lebte früher in einer Hütte. Jetzt anscheinend in einem alten, teilweise verfallen Haus.

Als er ihn besuchen wollte, war die Tür fest verschlossen und auch auf sein Rufen hin, öffnete der Freund nicht. So rammte er einfach die Tür auf und diese gab auch sofort nach. Der Freund war verwundert darüber, dass er auf diese Weise in seinen Bereich eingedrungen ist. Ansonsten war das Treffen dann so, wie es auch früher schon ablief.

Als er dann im Erwachen war, fiel ihm ein, dass er seinen Freund Seuse noch nie im Traum gesehen hatte und versuchte den Kontakt weiterhin aufrecht zu erhalten. Trotz seinem ‚Halbschlaf' gelang dies sehr gut. Dann erzählte er Seuse, dass er, Seuse, tot sei, was diesen äußerst überraschte.

Von da an war dieser ständig an seiner Seite und wollte wissen, was denn geschehen sei und wollte vor allem auch Beweise für seinen Tod. Er wies ihn darauf hin, dass auch seine Mutter bereits gestorben sei, was Seuse ebenfalls sehr überraschte. Dann war auf einmal auch die Mutter zugegen.
Als er nun seine täglichen Meditation begann, waren inzwischen auch sein ‚Bruder Berti' anwesend. Und als er dann zu seinem ‚Ballonflug' aufbrach kamen alle Verstorbenen, die er kannte zu ihnen hinzu und es war eine große Reisegesellschaft.

Bei Seuse konnte er eine große Befreiung erleben. Er genoss es sichtlich im Ballon zu fliegen und befreit zu sein. Ganz offensichtlich wurde ihm nach und nach bewusst, dass er die ganze Zeit, ‚eingesperrt' in einer Illusion, gelebt hatte.

Als er zur Aufstiegsflamme ging, bat er ‚seine Reisegesellschaft' darum auf ihn zu warten und er übergab wieder seine ihm bewussten Blockaden und Widerstände der Aufstiegsflamme. Während dem rief er nach dem Todesengel Dhorhian. Dieser erschien sofort und wusste auch gleich um was es ging. Als er dann zurück beim Ballon ankam, stellte er der Gruppe den Engel Dhorhian vor und erklärte wer dieser sei und warum dieser hier sei und wie es weitergehen sollte. Alle schienen einverstanden und dies traf auch auf seinen ‚Bruder Berti' zu.

Auch ihn hat er freigegeben, obwohl dieser die ganze Zeit über darauf wartete, dass er ihn von den Toten auferstehen ließ, was er aber bisher noch nicht kann. So wartete Berti die ganze Zeit über. Wie es jetzt aussieht, weiß er noch nicht. Aber er wird es mit Sicherheit bemerken, wenn dieser ebenfalls mit dem Todesengel Dhorhian weitergegangen ist.

„Nun, Meister Vywamus, kannst du das alles so bestätigen?"

„Ja kann ich. Neben mir steht Dhorhian, der etwas zu dir sagen möchte. Darf er das?"

„Ja natürlich, sehr gerne!"

„Mein lieber Will. Ich möchte dir von Herzen danken, dass du den Seuse und all die anderen zu mir gebracht hast und sie losgelassen hast, dass sie dahin weitergehen können, wohin sie ihrem Lebensplan nach jetzt sein sollen.
Dies gilt insbesondere für den Seuse, der sich all die Jahre eingeschlossen hatte und nur durch deinen Einsatz befreit werden konnte.
Ebenfalls gilt es für den Berti, der auch noch nicht verstanden hatte, dass er weitergehen soll. Bei diesem ist besonders zu bemerken, dass es auch dich befreit hat. Befreit von der Last ihn auferwecken zu müssen. Dies wirst du in nächster Zeit dann deutlich bemerken.
Nochmals, meinen allerherzlichsten Dank dafür!"

„Lieber Dhorhian, danke für deine lieben Worte und deine Anerkennung. Allerdings habe ich das eigentlich nicht bewusst vollbracht. Es kam einfach so über mich und ich habe mich davon mitreißen lassen."

„Genau das ist es, wofür ich dir danke. Du hast dich in den Fluss des Lebens gegeben und diesem vertraut. Egal wer da alles noch auf dich zukam und mitgenommen werden wollte. Nochmals, herzlichen Dank und wenn du willst, dann können wir auch regelmäßig zusammenarbeiten!"

„Jederzeit herzlich gerne. Wenn ich es denn ‚peile'. Es würde mir sehr gefallen, wenn du mich persönlich ansprichst und mir bewusst machst, was und wie ich helfen darf. Es wird mir eine große Ehre sein!"

„Wenn ich dann einmal euer ‚Liebesgesäusel' unterbrechen darf? Haha. Ich hätte da auch noch etwas zu sagen. Haha."

„Ja natürlich Meister Vywamus. Darf ich zuvor noch Dhorhian verabschieden? Lieber Dhorhian, ich freue mich auf unser nächstes Treffen und verabschiede mich jetzt von dir!"

„Tschüs Willi, ich freue mich auch auf unser nächstes Treffen."

„So, bitte Meister Vywamus."

*„Mann, Mann, Mann, heute ist wieder was los. Haha.
Was ich dir sagen will, ist, dass du jetzt vor allem an Reinigung denken solltest. Je mehr du an Be-Last-ung abwirfst, desto leichter wirst du dich und damit auch dein LEBEN ent – Lasten, abwerfen all dessen, was dich noch be – schwert, wird dich leichter machen und du wirst aufsteigen, wie der Ballon, mit dem du morgens aufsteigst.*

Loslassen von allem was in dir ‚ungemütliche' Gefühle hervorruft. Einfach loslassen, alles!

So, das war's schon."

„Wie, und deshalb hast du unser ‚Liebesgesäusel' unterbrochen? Haha."

„Haha. Ja, das schien mir wichtig. Ich wollte es dir sagen, bevor du wieder einschläfst. Haha."

„Das war jetzt aber gemein. Haha."

„Keineswegs, mein Freund. Ich habe es in aller LIEBE und mit dem Humor gesagt, den du so gerne empfindest."

„Ich weiß, liebster Meister. Hast du sonst noch eine Botschaft für mich?"

„Ja, das habe ich. Wenn man sich reinigt, dann macht man sich kurz danach nicht wieder schmutzig. Das soll heißen, dass die Reinigung nur ein Teil der Säuberungsaktion ist. Der andere Teil ist, darauf zu achten, dass man sich nicht wieder verschmutzt!"

„Ja, das ist mir klar. Allerdings gelingt mir das noch nicht so richtig. Aber ich arbeite daran."

Nun, so will er dann den heutigen Tag beginnen, am liebsten ohne wieder einzuschlafen. Haha.

14. März 2016
(07:33)
„Meister Vywamus hast du eine Botschaft für mich?"

„Nicht direkt. Ich kann dir aber bestätigen, dass du dabei bist deine Aufgabe zu entdecken. Ja, Fährmann wird eine deiner Aufgaben sein. Allerdings keineswegs die Einzige. Du kannst es so sehen, wenn du tatsächlich noch 200 Jahre auf der Erde verbringen willst, dann wirst du noch eine Menge Aufgaben übernehmen können.
Aktuell ist Fährmann eine Aufgabe, die nicht nur andere weiterbringen wird, sondern auch dich selbst. Die Auseinandersetzung mit dem Tod, wird auslösen, dass du ihn überwinden wirst. Danach kannst du die Karten neu mischen. Trotzdem

wirst du auch dann noch immer wieder andere hinüber begleiten. Es könnte eine Art Hobby von dir werden. Dhorhian freut sich sehr auf eine Zusammenarbeit mit dir!"

„Ja, darauf freue ich mich auch! – Hast du sonst noch eine Botschaft für mich?"

„Nö – weitermachen und Tee trinken – Haha."

„Gut, gerne, mache ich gleich. Haha."

15. März 2016
(07:16)
„Gibt es jemanden der eine Botschaft für mich hat?"

„Ja klar. Für eine Botschaft kannst du uns immer fragen, insbesondere, weil es inzwischen deine Lieblingsfrage geworden ist. Haha.
Die Botschaft lautet:
Dhorhian will dir sagen, dass er mit dir eng zusammenarbeiten möchte."

„Wie soll das konkret aussehen?"

„Nun, mein lieber Will, ich werde mich hin und wieder bei dir melden und dir mitteilen, wem du helfen kannst, zu mir oder meinen mich begleitenden Engeln zu gelangen. Wenn du das auch möchtest?"

„Selbstverständlich möchte ich das! Ich kann mir nur noch nicht vorstellen, wie das konkret aussehen soll?"

„Da mach dir bitte keine Gedanken. Mit deiner Erlaubnis werde ich mich bei dir bemerkbar machen und dir genau sagen, was du tun sollst. Das wird sich für dich so anfühlen, wie das vor einigen Tagen war, als du alle deine verstorbenen Familienmitglieder, Freunde und Bekannten zu mir gebracht hast. Du brauchst es nur fließen lassen. Es wird ganz von selbst bei dir auftauchen und, wenn du es zulässt, alles ganz von selbst geschehen. Du musst noch nicht einmal nach uns rufen, denn wir werden in jedem Fall schon da sein und auf dich warten."

„Das will ich gerne tun und hiermit gebe ich dir offiziell meine Erlaubnis mich in deine Arbeit einzubinden und mich zur Mitarbeit aufzufordern!"

„Oh, das freut mich sehr. Vielen, vielen Dank!"

„Sehr gerne, lieber Dhorhian!

Jetzt habe ich aber noch eine andere Frage. Wer kann mir helfen oder mir Aufschluss darüber geben, wieso ich das Gefühl habe, dass Meister Spalding mir etwas mitteilen will, dass ich aber bisher noch nicht erkenne? Oder bilde ich mir das nur ein?"

„So kann ich dich direkt ansprechen, mein lieber Freund. Ja, ich bin Baird Spalding und freue mich über unseren Kontakt. Es geht darum, dass du vor langer Zeit die Idee hattest meine Reise zu den Meistern, die du aus meinen Büchern bereits kennst, sie kennen dich übrigens auch, mit einer Videokamera nachzuvollziehen. Möchtest du das immer noch?"

„Grundsätzlich möchte ich das immer noch. Leider sehe ich aber eine Menge Schwierigkeiten, die ich, wie du weißt, bisher nicht überwinden konnte. Inzwischen ist meine körperliche Verfassung und die meiner Partnerin, die die Reise ja ebenfalls mitmachen wollte, nicht so, dass ich (wir) uns diese Reise zutrauen..."

„Wenn sich die Schwierigkeiten überwinden ließen und eure körperliche Verfassung verbessern würde, wie wäre es dann?"

„Dazu möchte ich direkt mit einem klaren JA antworten. Wie meine Partnerin darauf reagieren wird, weiß ich noch nicht. Siehst du denn eine Möglichkeit und wie stehen denn die Meister dazu?"

„Die Meister würden eure Reise unterstützen und sponsern. Dazu wäre allerdings auch nötig, den Meister, den ich Emil nenne, sich bei dir materialisieren zu lassen. Dazu benötigt er deine klare Erlaubnis."

„Die hat er auf alle Fälle. Jederzeit. Ich habe zwar Angst vor einem Schreck, aber auf keinen Fall vor ihm. Im Gegenteil – ich würde mir seinen Besuch sehr, sehr wünschen!"

„Das freut mich sehr zu hören – ich werde jetzt an Emil übergeben, wenn du erlaubst?"

„Natürlich, sehr gerne!"

„Mein junger Freund Will. Wie du siehst kenne ich dich und zwar seit du zum ersten Mal die Bücher von Baird gelesen hast.

Genau genommen kenne ich dich schon wesentlich länger, aber das würde jetzt zu weit führen.

Nun, die Zeit ist reif für einen Besuch bei uns. Wir möchten dich und auch gerne deine Partnerin bei uns begrüßen. Es wird für alles gesorgt sein und ich werde dir die finanziellen Mittel und eure/unsere Reiseroute bei einem Besuch übergeben."

„Das freut mich sehr. Was muss ich dafür tun?"

„Du musst es nur zulassen und mir deine Erlaubnis erteilen."

„Natürlich hast du meine Erlaubnis, die ich dir hiermit offiziell erteile! Allerdings habe ich auch gerade dem Todesengel Dhorhian meine Mitarbeit zugesichert. Wird mir beides möglich sein?"

„Ja sicher. Wir kennen Dhorhian und arbeiten sehr oft mit ihm zusammen. Wir alle werden ein ‚Dreamteam' bilden. Haha. Ich bin sehr froh dich heute erreicht zu haben und werde demnächst auf dich zukommen. Es sind noch einige Vorbereitungen notwendig, die aber schnell erledigt sein werden.
Viele Grüße an deine Partnerin und wir lieben euch beide sehr!"

„Vielen Dank, dass du dich bei mir gemeldet hast. Ich hatte die Hoffnung auf einen Besuch bei euch schon fast abgeschrieben. Aber das weißt du sicherlich?"

„Ja, das weiß ich. Es waren auch nach deiner Zeitrechnung fast 40 Jahre die du Geduld aufzubringen hattest. Ich danke dir dafür!"

„Ich danke dir, Meister Emil. Wirst du uns dann auch deinen richtigen Namen nennen?"

„Ja, natürlich. Aber du kennst ihn bereits. Dennoch möchten wir nicht, dass du ihn veröffentlichst. Wir wollen weiterhin ‚inkognito' bleiben."

Er hat Schwierigkeiten zu glauben, was er gerade erfahren hat. Aber er will offen sein und hoffen, dass alles so stimmt wie er es gerade erlebt hat.
Nun muss er sich erst einmal davon erholen. Die Reise zu den Meistern ist seit vielen Jahrzehnten sein größter Wunsch. Sollte sich dieser jetzt wirklich erfüllen? Es wäre ein Wunder und somit wunderschön…!

16. März 2016
(06:53)
Nachdem er gestern zunächst voller Freude war über den Kontakt zu Meister Emil, auch wenn er diesen schon gleich zu Anfang stark angezweifelt hat, kam es zu einer riesigen Auseinandersetzung mit seiner Partnerin. Es ging dabei um die aktuelle weltpolitische Lage, die beide sehr unterschiedlich beurteilen.

Ja, beurteilen ist natürlich genau das, was man hinter sich lassen soll, so sagt es Meister Vywamus. Das ist aber wesentlich leichter gesagt als getan. Insbesondere wenn es um die Religionen, die Kirchen, die Nazis und dem, was diese in der Welt angerichtet haben, geht. Und, -ja – und die eigene Verstrickung in das eine oder das andere. Natürlich unbewusst und vor dieser Inkarnation. Dennoch lebendig und höchst explosiv.

Also danach, nach dem Streit, war er wie erschlagen. Und das hält bis heute an. Also im Moment fühlt er sich dermaßen schwach und demotiviert, dass ihm heute Morgen keine Übungen möglich waren. Er versteht nicht, wie es sein kann, dass er wenige Stunden nachdem er hier saß und ‚Rotz und Wasser' geheult hat vor Freude über den Kontakt zu Meister Emil, er in eine solche Streiterei geraten konnte.

„Meister Vywamus, kannst du mir das bitte erklären?"

„Ja, natürlich. Das will ich sehr gerne tun. Nun, eigentlich weißt du es ja selbst. Das hängt damit zusammen, dass du/ihr dabei seid aufzuräumen. Das betrifft insbesondere eure Glaubenssätze und die Erfahrungen, die ihr durch diese gemacht habt. Dabei sind diese neutral zu sehen.
Es spielt dabei keine Rolle wie diese Erfahrungen im Einzelnen waren und es gibt niemanden der richtig oder falsch gehandelt hätte. Es ging lediglich darum zu erfahren wie das LEBEN sich unter gewissen Bedingungen darstellt. Die Einzelheiten dazu kennst du ja aus meinen Büchern.
Da ihr aber diese Erfahrungen in Recht und Unrecht spaltet, habt ihr noch heute die dazugehörigen Emotionen in eurem System gespeichert, aber verdrängt. Diese müssen bereinigt werden und das ist eben der Reinigungsvorgang in dem ihr mitten drin steckt.
Dieser Müll muss entsorgt werden und dazu muss er rausgeholt werden aus seinem Versteck. Dass das bei euch auf diese Weise geschieht, ist sehr anstrengend. Aber eine leichte Methode da-

für gibt es nicht. Es muss halt raus, auf diese oder eine andere Weise, aber immer mit ‚Dampf' dahinter. Ohne den geht es nicht, denn die ehemaligen Überzeugungen waren bei euch sehr intensiv, weshalb ja auch Glaubenssätze daraus entstanden sind. Wenn diese dann verdrängt werden, und darin seit ihr beide Meister gewesen, dann ist das eben eine hoch explosive Ladung. Die kann man nicht entschärfen, sondern diese muss zur Explosion gebracht werden. Dann allerdings sind sie erledigt. Sofern ihr nicht neue Glaubenssätze, neue Dramen daraus kreiert.

Da du nun in letzter Zeit sehr gute Fortschritte gemacht hast, sosehr, dass inzwischen eine Menge Wesen zu dir durchkommen können und dir Mitteilungen übermitteln können, musste dies jetzt geschehen, denn solche Blockaden sind in unserer Ebene nicht mehr möglich. So was gibt es hier nicht mehr.

Aber wir kennen das alles sehr gut, wir haben auch bei unserem Aufstieg solche Blockaden lösen müssen. Und wer aufsteigt, muss vorher abgestiegen sein, sonst könnte es keinen Aufstieg geben. Somit solltet ihr wissen, dass solche Erfahrungen ganz natürlich sind, nichts mit euch persönlich zu tun haben, sondern ganz normale ‚Aufstiegs Erscheinungen' sind. Geburtswehen, wenn dir der Vergleich mehr sagt.
Habe ich dir damit genügend Erklärungen gegeben?"

„Ja, das hast du. Vielen herzlichen Dank. Aber wie bekomme ich jetzt diese schrecklichen Gefühle aus meinem System?"

„Da kann ich dir den Rat geben: Beschäftige dich mit irgendetwas, egal was, wasch euer Auto, das wolltest du sowieso. Je weniger Aufmerksamkeit du diesen Gefühlen gibst, desto schneller sind sie wieder vorbei."

„Und sind die Blockaden, diese Muster damit wirklich schon bereinigt, oder muss ich mit weiteren Explosionen rechnen?"

„Dazu kann ich dir jetzt nichts sagen. Das kommt unter anderem darauf an, wie du jetzt die gestrige Explosion verarbeitest. Ob du sie sehen kannst, wie ich es dir gerade erklärt habe, oder ob du auf deinen Glaubenssätzen bestehst. Ob du erkennst, dass es nicht die Inhalte der Glaubenssätze sind, sondern die Bewertungen die damit verbunden sind. Die Verurteilung von anderen Menschen oder Situationen. Diese entstehen durch Meinungen die du zu irgendeinem Thema entwickelst. Egal, was für eine Meinung du zu etwas hast, sie kann nicht richtig oder falsch sein. Denn beide Positionen gibt es nicht.
Es gibt nur die Erfahrung die darin enthalten ist. Ich möchte dir einen Vergleich geben.
Wenn du wissen möchtest, wie es ist, wenn man Fußball in einer Mannschaft spielt. Wenn du dann mitspielst, kommt es dann darauf an, ob du gut oder schlecht spielst? Du machst einfach die Erfahrung wie es ist, auf dem Platz zu stehen und zu spielen. Fertig. Ob du gut oder schlecht spielst ist für die Erfahrung an sich, völlig egal. Erst wenn du anfängst die Erfahrung zu bewerten, wird sie gut oder schlecht. Aber die Bewertung ist unwesentlich. Sowohl der gute wie auch der schlechte Spieler machen die gleiche Erfahrung. Sie spielen Fußball in einer Mannschaft. Um mehr geht es nicht.

Achtung: In wie weit du diese Interpretation annehmen kannst, in dem Maße wirst du weitere Explosionen erleben müssen oder eben nicht. Das muss aber aus Überzeugung kommen. Es reicht nicht, dass du denkst, wenn der Vywamus das sagt, dann wird es wohl stimmen. Das wird nicht reichen. Du musst schon erkennen. Wenn du anfängst über den guten Spieler, den erfahrenen, den schlechten, den Abwehrspieler und den Stürmer nachzudenken und glaubst, dass die alle andere Erfahrungen machen, dann spaltest du weiterhin und – naja, das löst dann Explosionen aus. Insbesondere, wenn du die Spaltung verdrängst und behauptest es ginge dabei auch dir nur um Erfahrung.
Alle, die jetzt im selben Spiel sich befinden, machen alle dieselbe Erfahrung. Jeder auf seine persönliche Weise. Jeder sieht es durch seine Brille. Das ändert aber nichts daran, dass alle gemeinsam dieselbe Erfahrung teilen! Und nur darauf kommt es an!"

„Ja, das konnte ich jetzt besser verstehen. Vielen Dank, Meister Vywamus!"

Tja, dann will er sehen, dass er die Explosion emotional überwinden kann. Er hofft nur darauf, dass er nicht gleich wieder getestet wird, ob er die Erklärungen auch verstanden hat. Es scheint ihm aber so, dass er tiefere Einsicht darin erhalten hat, warum man nicht bewerten soll. Warum bewerten sinnlos ist.

„Na, so ganz scheint mir, ist der ‚Groschen' noch nicht gefallen. Aber du bist auf einem guten Weg. Haha. Denk an die gute Laune, bei alle dem!"

„Dran denken, kein Problem. Haha. Fühlen, da sieht es dann schon anders aus. Schnief. Was ist jetzt eigentlich mit den gestrigen Durchsagen? War es wirklich der Meister Emil, der durchgekommen ist, oder waren es nur meine uralten Hoffnungen darauf ihn kennenzulernen?"

„Das kann ich dir wieder nicht beantworten, außer mit der Gegenfrage: Was meinst du?"

„Das habe ich mir schon gedacht, dass das wieder an mir hängen bleibt. Haha. Ja, ich weiß es nicht. Ich wünsche es mir sehr, dass es eine echte Durchsage war und ich bald mit dem Meister in körperlichen Kontakt kommen werde! Besser kann ich das auch nicht beantworten."

„Die Zeit wird es zeigen. Er hat ja gesagt, dass er sich bald melden wird. Dann wirst du es ja sehen!"

Damit muss er sich wohl zufrieden geben.

(09:58)
„Danke, Meister, dass du mir noch mehr Verständnis für deine Ausführungen, warum man nicht beurteilen soll, übermittelt hast. Wenn ich dich richtig verstanden habe, verhält sich das so:
Angenommen, du hast keine Ahnung von Fußball und weißt überhaupt nichts darüber. Weiter angenommen du stehst über dem Spielfeld, das klein ist, und sich unten an deinen Füßen befindet. Du siehst lediglich, dass dort Leute hin und her rennen. Sonst ist kein Muster für dich zu erkennen. Jetzt möchtest du mehr darüber wissen und entschließt dich, daran teilzunehmen. An der Erfahrung Fußball teilzunehmen. Du spielst mit und befindest

dich mit allen anderen Spielern in der Erfahrung dieses Spiels.

Dann steigst du wieder auf und siehst wieder alles von oben. Interessante Erfahrung, denkst du, und sagst dir, dass der Tormann anscheinend eine andere Erfahrung gemacht hat als du. Also beschließt du, noch einmal hinabzusteigen und die Position des Tormanns einzunehmen.

Nun war es aber so, dass du im ersten Spiel dem Tormann zwischen die Beine getreten hast. Der hat sich deshalb vorgenommen nie mehr Tormann zu sein und spielt jetzt als Stürmer. Da trifft er auf dich und – genau – tritt dir zwischen die Beine. Warum weiß er nicht, denn er erinnert sich nicht mehr an das andere Spiel. Du übrigens auch nicht. Aber du nimmst dir nun vor, dass du ihm das nächste Mal nicht nur zwischen die Beine trittst, sondern ihm ordentlich eins mitgibst. Das ist dann der Moment, wo das alles eine Eigendynamik entwickelt. Du kommst dann zwar wieder aus dem Spiel heraus, hast auch wieder den Überblick, aber du musst wieder zurück, denn du hast dir vorgenommen dem ordentlich eins überzubraten. So rutschst du immer tiefer in die Erfahrung hinein und verlierst immer mehr den Überblick und vergisst, dass es dir ja eigentlich nur um die Erfahrung ging und um sonst nichts. Schon gar nicht darum, jemanden eins mitzugeben.

Aufstieg bedeutet jetzt eigentlich Ausstieg, denn was dir aus dem ganzen Schlammassel heraushilft, ist, auszusteigen. Nicht mehr mitzumachen und dich wieder auf deine eigentliche Position, von oben auf das Spielfeld sehend, zu besinnen.

Dich daran zu erinnern, dass du keine Beurteilung vornehmen wolltest, sondern nur die Erfahrung dir interessant erschien.

Habe ich das so richtig wiedergegeben?"

„Ja, ungefähr. Du müsstest noch besser beschreiben, warum bewerten keinen Sinn macht. Willst du das versuchen?"

„Ehm, nee. Ich mache es aber trotzdem. Haha.

Bewerten verstrickt dich in die Erfahrung, weil du dir dann etwas vornimmst und das musst du dann auch erfüllen und wenn du dir etwas vornehmen kannst, dann machen das auch die anderen und dann wird es immer verwickelter… so?"

*„Das ist noch nicht wirklich treffend. Der Groschen ist noch nicht gefallen oder fällt nur Pfennigweise. Haha.
Also dann: Du musst zurück in die Betrachterrolle schlüpfen. Dann wird es unerheblich wer was gemacht hat und welche Position du eingenommen hast. Dann bist du frei und kannst andere Erfahrungen in zum Beispiel anderen Spielen machen. Basketball wäre vielleicht auch eine interessante Erfahrung…
Merkst du auf was es ankommt? Einfach nur ansehen, die Erfahrung machen und dann wieder in die Beobachterrolle gehen. Oder, ohne die Erfahrung machen zu wollen, einfach nur beobachten… Das wäre in deiner jetzigen Situation angebracht. Erfahrungen hast du jetzt eine riesige Menge gemacht. Was du brauchst ist wieder in die Beobachterrolle zu gehen, den Überblick wieder zu gewinnen. Aber ohne zu beurteilen, ohne zu bereuen, ohne Schuldgefühle, einfach nur als Erfahrung, die du gemacht hast. Fertig."*

„Naja, Meister. Jetzt habe ich es noch besser verstanden, allerdings ist der Groschen noch nicht vollzählig. Irgendetwas verstehe ich trotzdem noch nicht. Nämlich wie ich das machen soll – jetzt und hier, mitten im Spiel und auf dem Spielfeld stehend?"

„Haha. Gut beschrieben. Da liegt der Hase begraben. Haha. Also wie machst du das?"

„Indem ich nicht mehr beurteile, sondern nur noch die Erfahrung sehe?"

„Super, der Kandidat hat hundert Punkte!"

„Eben nicht, denn ich weiß trotzdem nicht wie ich das machen soll!"

„Uff, das ist aber eine schwere Geburt. Versuche es einfach und du wirst beim Tun, mehr erkennen und es noch besser ausarbeiten können. Irgendwann hört die Theorie auf und muss zur Praxis werden…"

„Also, sind wir wieder bei mir angekommen. Ich muss es machen, und das ohne zu wissen wie. Super."

Naja, das ist natürlich immer so, dass die Theorie nur bis zu einem gewissen Punkt reichen kann. Gemäß dem Motto ‚probieren geht über studieren'…

18. März 2016
(06:35)
„Meister Vywamus, hast du eine Botschaft für mich?"

„Wie geht es deiner Betrachterrolle? Konntest du schön üben?"

„Ehm, nicht wirklich. Gestern war ich den ganzen Tag in einem seltsamen Zustand. Ständig hatte ich das Gefühl, dass alles, sowohl die Umwelt als auch die Situationen, die ich erlebt habe, unrealistisch waren. Man nennt das, glaube ich, schizoide. – Nee, so nennt man es nicht. Auch egal, es fühlte sich an, als hätte ich Cannabis geraucht. Nur, das ich das nicht gemacht habe und somit nicht darauf hoffen konnte, dass es wieder aufhört.

Aber vielleicht war das ja eine natürliche Bewusstseinserweiterung? Könnte ja sein, aber eigentlich war es nur schwach, dann doch irgendwie nicht wie kiffen. Möchtest du mir irgendetwas dazu sagen, Meister?"

„Dazu kann ich dir nur grundsätzliches sagen. Wenn du Erfahrungen gemacht hast mit bewusstseinserweiternden Drogen, dann wird sich eine normale, gesunde und natürliche Bewusstseinserweiterung so ähnlich anfühlen. Und dabei ist das Ziel nicht, dass es wieder aufhört, sondern dass diese immer stärker wird. Du also dein Bewusstsein immer mehr erweiterst.
Daran kann man erkennen, dass es nicht erstrebenswert ist eine künstliche Bewusstseinserweiterung herbeizuführen. Denn irgendwann wirst du ohne diese auskommen müssen und dann ist der natürliche Prozess mit Erfahrungswerten besetzt, die aus dem Drogenbereich entstanden sind. Die also daher rühren, dass du damit deine Grenzen überschritten hattest und eventuell Angstzustände damit verbindest. Es muss keine Angst sein es können auch Erwartungen sein, die bei einem natürlichen Prozess nicht auftreten und du dann das Gefühl hast, dass die Erweiterung nicht stattfindet oder nur teilweise. So wie es dir gestern erging.

Du hattest eine Bewusstseinserweiterung, die dir aber schwach vorkam, da du sie mit Kiffen verglichen hast. Hättest du nie gekifft, dann wäre das ein ganz besonderes Erlebnis für dich gewesen."

„Also habe ich doch wieder bewertet. Mist. Warum ist das so schwer und warum ist es mir nicht aufgefallen?"

„Naja, immerhin ist es dir jetzt aufgefallen. Wobei das bei der Drogenfrage nicht das Hauptproblem ist. Natürlich entsteht es durch das Vergleichen, aber das ist nicht der springende Punkt. Dieser ist, wie du ja weißt, vor allem deine Erfahrungen damit, die keineswegs immer von erweitertem Bewusstsein bestimmt waren. Sie waren auch von Ängsten beherrscht oder einfach von Illusionen.

Aber ja, vergleichen ist bewerten und bewerten wolltest du ja nicht. Haha."

„Ja, aber wieso erkenne ich das erst heute? Gestern Abend habe ich noch gerätselt, was das zu bedeuten hätte. Anstatt mich diesem Zustand hinzugeben und vielleicht noch zu vertiefen, wie immer das dann aussehen soll."

„Hingeben ja – vertiefen nein, denn was hier die beste Methode zu noch mehr erweitertem Bewusstsein ist, es fließen zu lassen. Also Hingabe wäre schon es noch mehr zu erweitern. Jeder Versuch dies noch mehr zu beschleunigen würde das Gegenteil bewirken."

„Mal eine andere Frage: Hatte ich vor Tagen tatsächlich Kontakt zu dem Meister Emil und zu Mister Spalding?"

„Wieso möchtest du dein Erlebnis als richtig oder falsch bewerten? Ich dachte du willst nichts mehr bewerten. Haha."

„Oh Mann, das nervt. Was soll ich nur tun? Das habe ich jetzt überhaupt nicht bemerkt. Ich fürchte mich einfach davor, dass ich mir etwas vormache."

„Etwa so wie es mit Drogen vorgekommen ist? Erkennst du das Problem mit bewusstseinserweiternden Drogen? Manchmal macht man sich auch etwas vor und das überträgst du dann in deinen nüchternen Zustand.
Also eine Antwort erwartest du ja dann sicherlich nicht mehr von mir?"

„Erwarten kann ich sowieso nicht, dass du mir antwortest. Es ist für mich eine Gnade, dass du es trotzdem tust. Danke dafür!

Ich würde gerne wissen, wie ich es immer sofort erkennen kann, wenn ich wieder etwas bewerte. Das erscheint mir so extrem schwierig. Allein das Erkennen. Es dann zu ändern ist ja dann noch eine weitere Schwierigkeit. Wie soll ich das je schaffen?"

„Indem du dich in den Fluss begibst. Eigentlich ist es sehr einfach. Lass alles los, lass dich treiben, gehe mit jeder Situation mit. Ohne zu überlegen ob sie richtig ist. Benutze lediglich dein Gefühl als Kompass. Fühlst du dich gut in einer Situation, dann lass sie einfach ‚laufen', wenn nicht ändere sie indem du dich

davon entfernst. Das ist eigentlich alles. Du musst dich immer gut fühlen, dann bist du im Fluss."

„So einfach soll das sein? Aber das wäre ja auch eine Art bewerten, oder?"

*„Oh, jetzt kommt der ‚Superschlaue' zum Vorschein. Haha.
Eigentlich sollte ich dir sagen, dass du es erst einmal ausprobierst so zu handeln und wir uns dann darüber unterhalten können, ob das auch eine Art Bewertung ist. Aber, um dich intellektuell zu befriedigen – nein, das ist kein bewerten, denn es findet außerhalb deines Verstandes statt. Es ist dein ‚Bauch' der hier entscheidet. Dies ist keine Bewertung sondern eine Empfindung."*

„Danke, dass verstehe ich sehr gut. Aber musst du nicht auch bewerten, zum Beispiel, wenn ich etwas von mir gebe? Mich mit dir unterhalte, dann sagst du doch auch, stimmt oder stimmt nicht. Das ist doch auch bewerten?"

*„Ja, ist es auch, aber ich muss mich an dein Niveau anpassen, damit ich deine Fragen beantworten kann. Normalerweise würde ich immer zu dir sagen müssen: Begebe dich in den Fluss.
Solche Antworten kennst du vielleicht von ZEN Meistern.
‚… Meister warum regnet es? Weil ein Geist keine Kleidung trägt…' oder so in der Art.
Der Meister geht überhaupt nicht auf die Frage ein, sondern verweist auf den Zusammenhang aller Dinge. Das muss aber der Schüler selbst herausfinden.
Möchtest du, dass ich so mit dir rede?"*

„Nein, auf keinen Fall. Bitte antworte mir so, dass ich etwas damit anfangen kann!"

„Haha, keine Angst, Haha."

Also ist es falsch, wenn er danach fragt, ob dieses oder jenes Erlebnis richtig ist. In Bezug auf seine Frage, ob der Meister Emil zu ihm durchgekommen ist oder ob er sich das nur eingebildet hat, müsste er an dem Gefühl erkennen, das er dabei hatte.

„Wenn das so ist, dann ist das ja eine gute Nachricht! Ich habe vor Rührung geweint. Geweint wie ein Schlosshund. Haha."

„Wenn du jetzt noch anfängst zu bellen, dann gehe ich Heim. Hahaha."

„Gibt es so etwas für dich, wie Heim gehen?"

„Ja klar. Ich habe mir ein Zuhause erschaffen, das ganz und gar meinen Bedürfnissen dient. Dort fühle ich mich hervorragend und dort verweile ich immer. Außer ich inkaniere irgendwo. Aber selbst dann, bleibt mein Zentrum in meinem Zuhause. Sehr komfortabel, sich vervielfachen zu können. Dann ist ein Teil von dir immer Zuhause. Dorthin wirst du auch bald kommen.
Ja genau, das war eine Bewertung. Siehst du, du merkst es doch. Ja, genau, schon wieder und auch diese Bemerkung ist eine Bewertung. Alles was nicht aus dem Bauch heraus fließt, ist Bewertung. Deshalb ist Schweigen ‚gold'. Wenn du nicht redest, dann wirst du weniger bewerten. Dann solltest du noch

auf deine Gedanken achten. Die bewerten natürlich auch. Haha."

„Also nicht reden, nicht denken. Sonst noch etwas?"

„Das würde fürs erste reichen. Haha. Allerdings, Verneinungen sind auch zu vermeiden. Haha. Jetzt mach dich nicht verrückt. Du denkst zuviel darüber nach, was du darfst und was nicht. Handele einfach so, wie du fühlst, dass es für dich richtig ist. So einfach ist das eigentlich."

Das hat ihn jetzt mehr verunsichert als weitergeholfen. Trotzdem versteht er, was der Meister ihm damit sagen will. Auch ist er bezüglich der Umsetzung dadurch ein Stück weitergekommen. Nur in seinem Verstand dreht sich alles...

Das macht aber nichts. Alles ist gut! (Mist, das ist ja auch eine Bewertung!)

20. März 2016
(07:30)
„Meister Vywamus, bitte sage mir warum ich mich so unwohl fühle?"

„Warum wohl? Nachdem du ungefähr verstanden hast, um was es bei der Übung ‚nichts beurteilen', geht, bis auf den ‚Groschen der anscheinend nur Pfennigweise' fällt, könntest du das auch auf dich selbst anwenden. Also dich selbst nicht beurteilen.

Kommt überraschend für dich, gell?"

„Haha. Stimmt, damit hätte ich nicht gerechnet. Haha."

„An sich selbst denken die meisten Lichtarbeiter oft zu letzt. Es geht dabei um die Nähe zu den Erkenntnissen. Wenn du nicht an dich dabei denkst, erzeugst du Abstand, fast wie beim verdrängen. Du kannst zwar darüber reden, behältst aber Abstand, weil du es nicht auf dich selbst anwendest.

Das bedeutet in deinem konkreten Fall, dass du dich selbst nicht beurteilen sollst, und schon gar nicht schlecht! Es spielt keine Rolle mehr, wie du spielst! Du hörst jetzt auf zu spielen!"

„OK, danke. Aber – wie soll ich das denn machen? Es tut mir Leid, aber solange ich noch nicht richtig verstanden habe, wie ich das machen soll, frage ich dich immer wieder. Sorry! Nicht mehr mitzuspielen habe ich zu einem großen Teil meiner aktuellen Inkarnation, oft praktiziert. Dennoch habe ich den Abstand, von dem du sprichst, noch nicht einmal als Ziel erkannt."

„Nun, so kannst du das aber nicht sehen. Du hast dich aus den allgemein üblichen Gesellschaftsspielen herausgehalten, nicht aber aus dem Spiel überhaupt. Es geht hier um komplett aus dem gesamten Spielumfeld auszusteigen. Ähnlich wie beim Sterben!"

„Das verstehe ich schon, nur wie, ohne zu sterben!"

„Super, jetzt hast du wenigstens deine Frage richtig erkannt. Haha. Du kommst richtig schnell voran. Haha. Ja, genau, das ist eine Bewertung und ja, ich muss mich dir anpassen. Haha."

„Na, jetzt hast du es mir aber gegeben. Haha. Mal abgesehen davon, dass du dich mir anpasst, kannst du mir dann die Frage mal beantworten? Nicht das du es vorher wieder verdrängst. Haha."

„Ich will dir ja den Spaß nicht verderben, aber verdrängen würdest du es…
Deine Frage kann ich aktuell nur so beantworten: Es geht, du kannst es schaffen.
Wie du es genau machst, musst du selbst herausfinden."

„Das mache ich ja gerade. Indem ich dich ausfrage. Wie genau soll das jetzt gehen?"

„Na, du bist ja heute hartnäckig. Ich kann dir einen Vergleich geben. Hast du schon mal gesehen wie sich Wasser, oder besser Sauerstoff verhält, wenn das Wasser kurz vorm Kochen ist?
Du kannst dann beobachten, wie sich kleine Luftbläschen bilden, die sich dann, plötzlich lösen und nach oben steigen. Würdest du jetzt einem solchen Bläschen raten wollen, was es tun muss um aufzusteigen? Vielleicht eine Methode anraten, wie es üben soll? Oder würdest du ihm seine aktuelle Lage erklären wollen? Es vielleicht auf andere Bläschen hinweisen, die sich ebenfalls damit abmühen aufzusteigen? Würdest du den Bläschen raten, dass sie Gruppen bilden sollen, um gemeinsam den Aufstieg zu erlangen?
Muss ich dir jetzt erklären, wer von uns beiden in dem Beispiel das Bläschen ist?

Das Einzige, was du machen kannst, ist, dafür zu sorgen, dass das Wasser heiß bleibt und immer heißer wird. Dranbleiben, immer mehr versuchen es hinzubekommen, weitermachen, heiß dafür sein, …"

„Das war aber jetzt ein sehr anschaulicher Vergleich!"

„Super, danke für die Bewertung! Haha."

Darüber muss er jetzt nachdenken. Das hat irgendwie eine neue Dimension für ihn. Das muss er jetzt darauf prüfen, ob er das so irgendwie umsetzen kann. Spannend. Und überzeugend!

„Vielen Dank, Meister!"

(11:38)
„Meister Vywamus, spüre ich das richtig? Bist du der Meinung, dass hier das Buch zu Ende sein soll?"

„Da es dein Buch ist, habe ich dazu keine Meinung."

„Hm, danke.
Ich bin der Meinung, dass es eigentlich nicht mehr zu sagen gibt. Heiß bleiben für das Thema – mehr kann man nicht machen. Der Rest geschieht ohne dass man Einfluss darauf hat oder es lenken könnte. Aber – und das ist sehr wichtig –
es passiert auf alle Fälle!"

Also, immer schön ‚heiß' bleiben, liebe Freunde!

Epilog

Da das Buch, aus meiner Sicht einige Fragen aufwirft, habe ich mich entschlossen, anschließend ein Interview mit Will Freiheit zuführen, um vielleicht noch die eine oder andere Information zu seinen Eintragungen zu erhalten.

Eckhard vom Frieden:
„Lieber Will, nachdem ich nun Dein Tagebuch gelesen habe, sind einige Fragen entstanden, die ich Dir gerne stellen möchte. Bist Du damit einverstanden?"

Will:
„Ja klar, Eckhard. Wenn Deine Fragen nicht zu persönlich werden. Haha."

Eckhard vom Frieden:
„Ich will mich bemühen. Wie ich lesen konnte, hast Du Dir sehr häufig etwas vorgenommen. Konntest Du das alles umsetzen?"

Will:
„Leider nur manches. Aus zweierlei Gründen: 1. alles was im beruflichen Zusammenhang steht, wie z.B. die Raucherentwöhnungen, ist weiterhin offen. Ich suche eben nach meiner Aufgabe, meiner Berufung. Bis jetzt habe ich sie noch nicht finden können. 2. muss ich zugeben, dass ich manches wieder vergessen habe. Mir kommt es zurzeit so vor als würde die Zeit fliegen. Manchmal weiß ich am nächsten Tag nicht mehr, was ich am Tag vorher geschrieben habe. Dadurch, dass ich jetzt alles noch einmal lesen musste, sind mir einige Einträge aufgefallen, die ich völlig vergessen hatte."

Eckhard vom Frieden:
„An was genau denkst Du dabei?"

Will:
Vor allem daran, dass Meister Vywamus mit mir ein Buch schreiben wollte. Das hatte ich völlig vergessen und bin froh, dass ich durch Dein Buch es jetzt wieder ‚entdeckt' habe. Ich werde sehen, ob es mir gelingt mich soweit zu öffnen, dass mir der Meister ein Buch diktieren kann. Ein Versuch ist es allemal wert.

Eckhard vom Frieden:
„Dann konnte ich nicht wirklich erkennen, von welchen Übungen Du immer sprichst? Könntest Du die genauer beschreiben?"

Will:
„Könnte ich, mache ich aber nicht. Haha.

Eckhard vom Frieden:
„Warum nicht?"

Will:
„Zum einen deshalb, weil *Du* ja mein Tagebuch veröffentlichen wolltest. Da Du davon ausgehen kannst, dass ich weiß welche Übungen ich gemacht habe und auch noch mache, stehen die also nicht im Tagebuch. Zumindest nicht ausführlich.
Wichtiger finde ich aber, dass jeder Leser Deines Buches, sich selbst Übungen entwickeln soll und nicht meine oder die eines anderen nachmachen sollte. Das ist zumindest meine persönliche Meinung dazu. Aus meiner Sicht ist alles völlig individuell. Auch der Aufstieg."

Eckhard vom Frieden:
„Gibt es etwas, was Du meinen LeserInnen mitgeben möchtest?"

Will:
„Zum einen das, was ich gerade eben über die Übungen gesagt habe. Dann sehe ich aber auch einen großen Vorteil darin, ein Tagebuch zu führen. Die Mühe lohnt wirklich. Allerdings sollte man es auch hin und wieder einmal aufschlagen um darin zu lesen. Haha. Das schreibe ich mir gerade selbst hinter die Ohren. Haha. Aber, wie man an meinem Fall sieht, findet man Zugang zu höheren Ebenen und erhält Antworten, die auf einen individuell zugeschnitten sind. Mit wem man dort spricht, halte ich für zweitrangig. Denke an die ‚Gespräche mit Gott' von Neal Donald Walsh. Hauptsache man erhält Antworten, mit denen man etwas anfangen kann auf Fragen, die einem selbst eingefallen sind."

Eckhard vom Frieden:
„Ich könnte mir vorstellen, dass manche Leser sich damit überfordert fühlen. Was würdest Du denen raten?"

Will:
„Diese sollten sich aus der Literaturliste, die Du beigefügt hast, einfach welche raussuchen. In den Büchern von Meister Vywamus gibt sehr viele Übungen, die man genauso oder abgewandelt umsetzten kann. Ich habe die teilweise verändert, manche Meditation habe ich selbst aufgenommen, vertont wenn Du so willst, und mir dann über Kopfhörer als geführte Meditation angehört. Ich habe aber auch selbst Texte entwickelt und vertont. Ich gehe eben meinen ganz individuellen Weg, und den

sollte meiner Meinung nach jeder finden. Seinen Weg. Es gibt so viele Wege wie es Menschen gibt."

Eckhard vom Frieden:
„Wie kommst Du darauf? Es gibt doch die verschiedensten Glaubensgemeinschaften, die vorgeben zu wissen, wie der ‚richtige Weg' auszusehen hat. Irren die alle?"

Will:
„Das kann ich nicht beurteilen. Meine Meinung ist, dass jeder Mensch eine ganz individuelle Sicht der Welt entwickelt hat und aus dieser kann es dann eigentlich nur einen eben genauso individuellen Weg heraus geben! Alles ist subjektiv, wie könnte es da einen objektiven Weg geben?"

Eckhard vom Frieden:
„Nun Will, was mich abschließend noch sehr interessiert. Bist Du jetzt erwacht oder erleuchtet oder wie immer Du das nennst? Ich denke, Du hast da ein kleines Problem mit der Bezeichnung. Haha. Aber abgesehen davon: Bist Du es jetzt – was auch immer?"

Will:
„Haha, ich weiß was Du meinst, Eckhard. Phu, gute Frage. Da es nur ein JETZT gibt, muss ich Dir mit Ja antworten. Und wenn ich konsequent bin, dann bleibe ich auch dabei. Haha.

Jetzt habe ich gerade das Gefühl, dass der Meister Vywamus zuhört. Haha. Also Vorsicht mit Äußerungen. Haha.

Aber ich schreibe ja weiterhin in mein Tagebuch. Das hat nicht damit aufgehört, als Du mit Deiner Idee zu mir kamst. Vielleicht hast Du ja noch einmal eine solche Idee, dann kann man weiterlesen. Haha.

Aber um mich jetzt doch noch auf Dein Niveau einzulassen – haha – noch habe ich nicht das Gefühl angekommen zu sein. Ich bin mir auch nicht sicher, ob man dieses Gefühl je haben wird. Es gibt immer noch etwas zu lernen, zu erweitern oder zu ergänzen. Besser kann ich Dir Deine Frage nicht beantworten. Ich könnte mal den Meister Vywamus fragen. Soll ich?"

Eckhard vom Frieden:
„Wenn Dir das möglich ist, super gerne."

Will:
„Meister Vywamus kannst Du mir bitte sagen, ob ich angekommen bin?"

„Wo willst Du denn ankommen, mein Freund?"

„Wieso wundert mich das nicht, dass Du mit einer Gegenfrage antwortest?"

„Woher soll ich das wissen? Haha."

„Oh Mann, jetzt geht das wieder los. Bin ich jetzt Meister?"

„Also gut. Ich verrate Dir ein Geheimnis: Du bist JETZT angekommen! Reicht Dir das?"

Wie Du siehst, ich kann nichts darüber herausfinden, nur spekulieren.

Eckhard vom Frieden:
„Dann mach das doch einfach."

Will:
„Fängst Du jetzt auch so an? Also gut. Ich habe, seit den Aufzeichnungen, die Du veröffentlicht hast, eine Bewusstseinsexplosion erlebt. Eine riesige Veränderung, die ich aber nicht ‚objektiv' benennen kann. Wunder kann ich noch keine vollbringen, bin mir aber gerade im Klaren darüber, wenn ich das weiterhin behaupte, dass das auch nichts werden kann.

Eine Übung besteht ja darin, die Meisterschaft zu behaupten. Das scheint doppeldeutig zu sein, ist es aber eigentlich nicht. Wenn ich einfach behaupte, dass ich Meister bin, dann ist das eine Affirmation und wenn ich diese ‚behaupte', also strikt dabei bleibe, dann wird sie sich auch bestätigen... Reicht Dir das?"

Eckhard vom Frieden:
„Nicht wirklich, Will. Aber lass uns hier das Interview beenden. Mal sehen, vielleicht werde ich auf Dich zukommen, um weiteres Material aus Deinem Tagebuch zu veröffentlichen. Vielen Dank für Dein Vertrauen!"

Will:
„Ja gerne, Eckhard. Eigentlich hat mir das Interview gerade angefangen Spaß zu machen. Aber ich will dich auch nicht überfordern. Haha.

Mach's gut und vielen Dank, Eckhard. Wärst Du nicht gewesen, dann hätte ich echt vergessen, hin und wieder in dem Tagebuch zu lesen und so wären mir wertvolle Erkenntnisse wieder ins Unbewusste abgesackt."

Eckhard vom Frieden:
„Eine Frage habe ich doch noch, Will.
Da beschwerst Dich ja immer darüber, dass alles solange dauert. Hast Du einmal daran gedacht, wie lange ein Studium auf der Universität dauert und wie viel Studenten lernen und an Wissen sich erarbeiten müssen?
Was rätst Du den LeserInnen. Kann Ungeduld den Prozess beschleunigen?"

Will:
„Auf keinen Fall. Du hast völlig Recht, Eckhard, wenn du auf Studenten hinweist. Bei denen geht es noch um ein konkret definiertes Wissen, was sie sich aneignen sollen. Aber wenn es darum geht, sich den Sinn des Lebens zu erarbeiten und darüber hinaus noch diesen dann auch zu leben. Na, da sind vierzig Jahre wirklich nichts.

Allerdings, die Ungeduld kann das alles noch deutlich verlängern. Also, liebe LeserInnen, immer schön geduldig bleiben!"